真北领导力

AI时代，个人与组织的使命共担

蒋小翠 ◎ 著

企业管理出版社

图书在版编目（CIP）数据

真北领导力：AI 时代，个人与组织的使命共担 / 蒋小翠著 . —北京：企业管理出版社，2024.1

ISBN 978-7-5164-3023-1

Ⅰ.①真… Ⅱ.①蒋… Ⅲ.①领导学 – 研究 Ⅳ.① C933

中国国家版本馆 CIP 数据核字（2024）第 014158 号

书　　名：	真北领导力：AI 时代，个人与组织的使命共担	
书　　号：	ISBN 978-7-5164-3023-1	
作　　者：	蒋小翠	
策划编辑：	赵喜勤	
责任编辑：	赵喜勤	
出版发行：	企业管理出版社	
经　　销：	新华书店	
地　　址：	北京市海淀区紫竹院南路 17 号　　邮编：100048	
网　　址：	http：//www.emph.cn　　电子信箱：zhaoxq13@163.com	
电　　话：	编辑部（010）68420309　　发行部（010）68701816	
印　　刷：	三河市荣展印务有限公司	
版　　次：	2024 年 2 月第 1 版	
印　　次：	2024 年 2 月第 1 次印刷	
开　　本：	710mm×1000mm　　1/16	
印　　张：	12.25 印张	
字　　数：	157 千字	
定　　价：	68.00 元	

版权所有　　翻印必究·印装有误　　负责调换

推荐序（一）

回到生命本身

一直想去广东肇庆的七星岩看看，朋友说那里有一个山洞，里面有一个词牌，上面写着"心间北斗"四个字。心中的北极星，指引着人生方向。每个人都是带着使命来到这个世上，你找到自己的使命了吗？

我与小翠老师相识于2015年，那时同在国内一家知名咨询公司工作，未曾想有一天我们能再次走到一起，走向创业之路。与小翠老师携手创业后，我们一起做过很多企业领导力发展项目，在她身上我看见了真北领导者的影子。

近几年我们一直在探索当前中国经济环境下，领导力培训的新方向在哪里。传统模式下的领导力培训以"教方法与技能"为主，已远远不能满足企业与学员的需求，甚至连激发学员现场投入或参与都非常困难，更不用说课后的行为转化了。阳明先生提出"知行合一"，这对于我们学习转化是一个很好的检验，真正的"知行合一"是指只有做到才是真正的知道，如果没有做到就等于不知道，知和行是一体的，是个人的深层认知与日常行为融为一体。这给我们培训学习也带来深刻的启示，若要人的行为发生改变，必须从底层认知入手，并将底层认知用到日常工作和生活中。要改变一个人的底层认知，就要回到生命本身。

企业组织培训的最终目的是提升组织绩效。绩效问题往往是由组织流程问题导致的，流程问题是由行为问题导致的，行为问题是由人的能力和动力导致的。要提升能力，需要先提升人的动力，人的动力来自哪里？马斯洛的需求层次理论把人的需求自下而上分为：生理的需要，安全的需要，归属和爱的需要（社交的需要），尊重的需要，自我实现的需要。一个人被组织看见和尊重，这本身就能激发人的动力，如果再将个人的使命和组织使命联结，这将会更大程度上激发组织成员为了共同的使命愿景携手奋斗。所以说当一个领导者回到生命本身，找到自己的使命，他就愿意不断学习成长，去提升自己的能力，那么组织流程问题将会不断减少，绩效达成将是一个自然的结果，而不是强压的结果。

也许你会觉得这太理想主义，在复杂的组织中很难实现。在这条"真北之路"上，如果每个人都愿意去点燃心中的火炬，那么星星之火就会点亮整个夜空。关注人心，关注生命本身，关注人的生命状态和能量状态，这是领导力的源泉。回到人的生命本身，只有当领导者个人更富有生机时，他才能使用现有的认知和能力更好地去完成领导工作，激发更多的人拥有生机，最终使得组织更有生机。

如何回到生命本身？我们先来聊聊真北领导力。

真北领导力是指企业领导者能够基于一个长远的目标，用真诚的领导方式，激发出自己与周围人的内在激情和动力，追求长期价值发展，为所有利益相关者创造价值，且服务于社会的能力。我们认为这样的领导者就是真北领导者，我们的使命就是培养更多的真北领导者。

真北领导者关注自我发展，做领导即做人。是不是心口合一？心里怎么想就能怎么说？是不是言行合一，如何说就能如何做？当领导者成为"知行合一"与"内外整合"的人时，其面对自己是一个真诚的人，面对下属是有魅力的领导者。用赤诚之心寻找自己的"真北"，工作和生活将成为同一件事，都是我们实现使命的道场，每天的工作将不再是固定的打卡模式，而是开启了幸福模式。

真北领导者要关注打造一个上下同欲的高绩效团队。高绩效团队的首要条件就是建立充分的信任关系，没有信任基础的团队无法长久合作。团队信任基于团队成员能够坦诚相待，产生深度联结。没有联结，每个人就是一座孤岛，组织的能量流是断开的。此外，高绩效团队必须有共同目标。记得在"户外领导力"项目中，我作为队长，需要带着八位成员到达一个目的地，教练老师问你们团队的共同目标是什么？成员A的目标是什么？B的目标是什么？我一下子被问住了，因为我确实没有去关注每个人的目标，没有为我们团队的目标赋予集体的意义，最终的结果肯定是不理想的。

真北领导者要关注组织文化土壤的打造，创造个人使命与组织使命相结合的文化。如何让贴在墙上的价值观落在人的心中？如何让每个人生命本身具有的品质与组织文化产生联结？重要的是帮助员工去"找回"那份初心和热情，让个人使命能够在企业道场里得以实现。

《真北领导力》这本书从个人、团队和组织三个层面详尽阐述了真北领导力的理念、内涵和实现方式，推荐给读者朋友们。希望大家能借助这本书，回到生命本身，迸发出无限的力量。生命何其珍贵，愿我们真正活好每一天！

星睿智信联合创始人　周明贤
2023年12月

推荐序（二）

活出"真北"，持续绽放

研究领导力多年，我依然深信：真正的领导力其实是了却恐惧，让自己成长为一个高度整合、内外合一之人的能力。而真正的领导者，则是在更好地活出自己的同时，又能带领大家实现众人所愿的人。这里的领导者，在特殊情况下也指处于领导位置的组织。

如何更好地活出自己，而非活出更好的自己？

那就需要明确自己的人生使命，绽放自己的生命热情，为一生的热爱而活着。你看，这明显充满理想主义色彩！可这恰恰是真北领导者需要追求的。

一个不知道因何而活的人，自然是充满恐惧的，因为在他的心里，不存在生命本身稳定的确定性。我曾有幸服务过许多知名企业的"一号位"，在与他们近距离接触、深度交流后我发现，真正的大佬与形象上的大佬最大的区别其实在于：他们恐惧的东西不一样。形象上的大佬，他的恐惧在于：那些未经实现的目标与结果、价值与理想，其实他担心的是对历史的失去。而真正的大佬，他的恐惧在于：不能与恐惧好好相处。

一个找到人生使命并愿意付诸一生去实现使命的领导者，很清楚过程中的恐惧在提示他，在告诉他一些重要的信息，他愿意真诚而开放地认知自我、认知他人、认知这个世界。他愿意承认自己的软弱、无能与龌龊，也会灵活地基于这个世界的变化而调整自己与世界相处的方式，他们不会让道德与律条成为束缚，他们总能适时地活出真我。所以，他们总能亲切而真实地听到世界传递给他们的信号，他能听到时代的旋律与趋势，因为他们足够开放和真诚，他们与正在生成的未来一起战斗，而不是与这个时代战斗。

这些敢于直面恐惧、内在正直（诚意正心、高度整合）的领导者，就是真北领导者。我相信这样的领导者，是不忠于任何时代，也无惧于任何时代的，因为他们足够稳定的同时，也足够灵动。

我还相信，未来真正能赢的组织，一定是那些将员工的能力和热情与组织使命高度整合的组织。从系统论的角度来讲，任何一个小系统都需要为大系统提供价值，大系统才允许其存在于自我的系统当中。个体员工对于组织来讲就是一个小系统，他需要按组织的需要持续贡献能力与热情，系统才会允许其持续存在，否则，他就会被优化出系统。这是系统法则，不以个人意志为转移。所以，如果员工只有能力贡献而没有激发内在热情，会是什么后果呢？让员工的能力完全跟上组织成长、变革的速度，这不太现实；这样一来，组织最终只能"沦为"员工口中"用尽即弃"的无良组织。如果员工的热情能够在组织中被激发出来，其热情将会更大限度地支持他发展自我能力，以实现个人与组织的目标。如此一来，员工也将更大限度地被尊重，能够更大限度地获得价值实现，组织与员工之间也会最大限度地传递善意。

对于社会系统而言，一个组织又是一个小系统，一个组织如果不能持续为社会系统贡献价值，也会很快被大系统优化出局。那怎样的组织才会被社会大系统所持续接受呢？我认为就是拥有真正使命的组织，而不是那些写给外人看、为了配合形象表现拥有伪使命的组织。过去40年中，有些企业单单为了牟利而无所不用其极，所以才有了大头奶粉、地沟油、各类"科技与狠活儿"齐上阵。这种组织一定会被大系统淘汰，因为其不符合系统法则。

真正有使命的组织，是有良知的，能对大系统持续带来正向价值的组织，这自然就考验组织"一号位"自身是不是一位真北领导者。所以，未来能赢的领导者一定是真北领导者，未来能赢的组织，也一定是真北组织。《真北领导力》这本书，从个人层面到团队层面，再到组织层面，为真北领导者的修炼与发展提供了适宜的理论与方法，且颇有创意地将儒家修身的方法融入其中，非常值得朋友们一读。

领越探索总经理、星睿智信联合创始人　朱曼殊
2023 年 12 月

自 序

AI 时代，我们能找到自己的"真北"吗？

我是个非常平凡的人，曾经几度迷失在工作与生活中。每天有吃、有喝、有工作，但是在很长一段时间，我没有特别喜欢的东西或事物，很少能感受到乐趣，觉得工作生活很无聊或没意思，不知道要做什么。虽然会投入本职工作，但业余时间几乎被不动脑筋的事情占据着：有空就找亲朋好友聚会，喝酒吹牛；经常熬夜，很少主动看书、运动；打发时间的方式就是看搞笑视频、追剧、追综艺、看"八卦"新闻、玩游戏等；实在没事做，就裹起被子睡大觉……这样"无忧无虑"的状态持续了好长时间。[①]

直到有一天我再次听到筷子兄弟的《老男孩》，"当初的愿望实现了吗？事到如今只好祭奠吗？任岁月风干理想再也找不回真的我"，顿时悲从中来，泪流满面，清晰地认识到自己需要改变，不能再这样"无忧无虑"下去了。但那个时候，我还不知道自己的使命和人生意义是什么，只是内心非常坚定地知道需要改变，知道自己一定不要什么样的生活，于是便开启了探索与觉醒之路。

幸得身边的人帮助和支持，经过三四年的努力后，我终于找到了自己的"真北"。虽然还是做着和过往类似的事情，但是能量状态已经截然不同，因此做事的效果和效率都极大提升，整个过程中也充满喜悦、幸福以

[①] 本段引自《认知觉醒》。

及力量。这才促成了《真北领导力》这本书的诞生。例如以前我一年只能看几本书，而且看完就忘，在工作中也很少用上，更多的是为了减少内心的恐惧，为了心安而看书。现在一年可以看四五十本书，甚至更多，而且大部分能与自己的工作、生活结合起来，让自己更有生机，看书的过程也是幸福和愉悦的，是为了使命而看书。

当我稍微有些觉醒后，抬头看看周围，发现在我的亲戚朋友、同学同事、客户中，很多人与我的情况类似，一些人过着"无忧无虑的生活"，还有一些人更是处于"焦虑抑郁的状态"。

一位中小企业的老板说："公司想要更大的发展，而高管们动力不足，物质已经激励不动他们了，但是公司要发展就必须激活这些高管。"

一位大型国有企业的培训负责人说："每次说到公司的使命愿景时，员工都觉得是虚的、空的，与自己无关。"

一位中小企业的人力资源总监说："公司氛围不好，高管之间有矛盾，老板把我当枪使，内耗太大了，我感觉自己再干两年就想退休。"

一位科研机构的中层管理者说："好像没有考虑工作中到底快乐不快乐，对我来说，这只是一份养家糊口的工作而已。"

一位外企的中层管理者说："要不是看在这份薪水的份上，我早都想辞职了，所以现在能做到60分就行，也不想太拼。"

一位上市公司的区域销售总监说："老婆总是跟我说要努力奋斗，但是我不知道该如何努力，看不到方向。"

一位大学老师说："现在的工作烦死了，等评上教授职称，就打算躺平。"

……

在听到这些声音后，我的内心是沉重的，回想自己工作的心路历程和状态变化，我觉得应该为自己能影响到的人做点什么，即使是绵薄之力也好。

想想看，如果我们的领导者处于上述的工作状态和生活状态，他们的能量可以发挥出来多少呢？而内耗又有多少呢？他们能够在工作中成为更高绩效的管理者吗？他们能领导组织或团队实现目标吗？他们能创造更幸福的生活吗？

此外，AI时代已经来临。随着智能化、自动化等新技术的不断涌现，人工智能的飞速发展正在改变着我们的生活和工作方式。一方面，AI在各个领域的应用为人们带来了更多的便利和更高的效率，同时也拓展了人的职业选择和发展空间。另一方面，AI对某些行业或职业的冲击也不容忽视。在这样一个变革的时代，领导者自身该如何发展呢？领导者如何带领自己的组织或团队发展呢？

在AI时代的社会环境与技术发展背景下，领导者们解决问题的方法或自我发展的方向应该均有不同。在未来，越来越多的挑战，将会从技术性挑战转变成调适性挑战，领导者也会从需要解决效率问题转变为需要解决创新创造问题。因为在目前的弱人工智能时代（弱人工智能是指智能机器看上去是智能的，但是并不真正拥有智能，也不会有自主意识），AI已经帮助人类解决了不少技术性挑战。随着人工智能技术的不断发展，当接近强人工智能时代后（强人工智能是指拥有与人类同等水平智能的人工智能），AI就能在一定程度上帮助人类解决调适性挑战，解决创造或创新问题。因此对领导者的培养，我们的方向也将发生变化，需要更多地激发出领导者的潜能，释放出领导者的热情，探索更多新的课题或领域。

长期从事领导力培训与咨询工作，支持企业及其领导者发展是我们的责任和使命。于是我们通过持续研究和实践，再结合自身的经历，提出"整体领导力"的概念。整体领导力是我们在中国传统文化、国外心理学和领导力发展的基础上，针对当前企业领导力发展的现状提出的第三类领导力。另外两类领导力是横向领导力和纵向领导力。横向领导力是指领导者为了完成当下工作任务，需要提升的能力和技能，类似我们经常说的岗位胜任力。纵向领导力是指一个领导者观念的进化，关注于人们如何理解世界，是一个人对事物的认知模式，类似我们经常说的格局提升、思维打开、心智成熟等。而整体领导力是在中国儒家整体观（"修内达外，止于中，至于善"）的理论基础上，融合横向领导力（能力）与纵向领导力（认知）的发展理论，将领导者看成一个有机的整体，整体领导力不仅关注能力和认知的发展，更关注领导者的生机，即他的生命状态和能量状态。只有当领导者个人生机勃勃时，他才能使用现有的认知和能力更好地完成领导工作，因此整体领导力的发展是一系列的内容。其中第一步就是"真北领导力"，用于帮助个人和组织探索使命，形成个人使命与组织使命的联结、共担，在这个过程中充分地绽放个人势能，提升组织的效能，实现个人与组织的共同使命。

经过多年的研究，横向领导力和纵向领导力已经被学术界和企业实践证实，其各自发挥相应的功效。而真北领导力是在纵向领导力和横向领导力融合发展的基础上，结合中国传统文化中的整体观而提出的。首先从纵向领导力开始，领导者通过自我觉察，提升自我认知，形成对自己、对环境的新视角、新认识，发展自我。然后再结合横向领导力的发展，学习和锻炼相关的知识与技能，能够胜任当前的岗位工作。最后结合中国传统文化中的整体观，把人的生机作为最重要的发展目标，既包括一个人的生命状态，让自己在生理上处于生机勃勃的状态，健康有活力，这是强调"修身"；还包括一个人的能量状态，也就是精神上的活力，这是强调"修心"。我们在工作生活中要找到自己的使命和人生意义，释放自己的热情与热爱，减少焦虑和内耗，让自己在精神上处于生机勃勃的状态。领导者只有处于富有生机的状态，才能够更好地完成领导工作。

真北领导力是指领导者基于一个长远的目标，用真诚的领导方式，激发出自己与周围人的内在激情和动力，追求长期价值发展，为所有利益相关者创造价值，且服务于社会的能力。

北，是指目标。借鉴中国古代天文学对北斗星的定义，北在这里意为指引我们前进的方向和目标。个人目标是指个人的人生目标、人生意义或人生使命；组织目标是指组织的使命、愿景、战略目标等。

真，是指方式。俗话说条条大路通罗马，在确定目标后，实现目标的方式有很多种，那到底该选择什么方式来实现目标呢？我们建议用"真"的方式。什么叫"真"？这里给出三层含义：真实、真诚、真本事。第一个"真"就是真实，基于真实的商业环境去探寻使命，因为没有任何团队和组织是处于真空之中的。第二个"真"就是真诚，真诚的领导方式，唯有真诚领导才能更长久、更激励人心。第三个"真"就是真本事，也叫真正的价值创造，领导者要提升自己解决问题的能力，创造长期价值和服务社会是我们的终极追求，因此领导者还需要具备解决商业管理问题的经验和方法技巧，用它们去实现共同目标。

但是，真北领导力最想解决的问题是"如何找到个人使命及组织使命，如何将个人使命愿景与组织使命愿景联结与共担，通过释放个人的热情与能量，打造一个充满生机的组织，实现个人与组织的共同使命。更重要的是，参与人员在这个过程中是愉悦的、健康的、幸福的"。因此要培养真北领导力，打造一个真北组织，首先需要去探寻个人使命与组织使命，以及两者之间的联结。然后创造恰当的方式或机会，绽放出个人的热情与势能，提升组织的活力和效能。最后学习实现目标需要的能力、方法和技能，提升个人和组织的真本事，将目标变成现实，最终实现共同的使命。

真北领导力是一个宏大系统，也是一个充满理想主义的系统，想要激发所有人或者更多人找到自己的使命和人生意义，并将个人使命与组织使命联结，共同进化，是非常不容易的事情。但它给我们指出了一个进化的方向，我们可以从不同层次去分解和提升，向着最美好的境界靠近。真北领导力至少可以从个人、团队、组织三个层面去解构，探寻如何发展一个更有生机的领导者以及更有生命力的组织。

所以我们要提升真北领导力，首先应该改变领导者自己的内在状态，找到自己的人生目标和意义，激发出自己的内在激情，成为一位内外兼修的人，成为一位诚于中而形于外的"有匪君子"；再以真诚的领导风格，关注团队成员的生命状态，帮助团队成员找到人生目标与意义，激发出团队成员的激情与热爱，为实现共同目标而努力；最后再发展每个阶段性的目标和任务要求领导者具备的知识技能等，通过有次序、有节奏的螺旋上升的方式发展领导力。

个人真北领导力是真北领导力发展的起点，也是真北领导力发展的源头。正如《大学》总纲提出："大学之道，在明明德，在亲民，在止于至善"，领导者首先要"明德"，然后才能"亲民"，最后"止于至善"。

"物有本末，事有终始，知所先后，则近道矣"。因此，无论 AI 技术如何发展，领导者们都需要找到自己和组织的"真北"，这是人生之本，也是组织之本，绽放出自己的热情与势能，轰轰烈烈地体验工作与生活，创造更加喜悦、幸福的人生！

蒋小翠

2023 年 10 月 13 日于深圳

目 录

第一部分 真北领导力概念篇 　　1

第一章 第三类领导力：整体领导力 　　3
错综复杂的技术性挑战与调适性挑战 　　3
横向领导力与纵向领导力各显魅力 　　5
什么是整体领导力 　　7
为什么要提出真北领导力 　　9
真北领导力的内涵 　　14

第二章 真北领导力发展的总体原则 　　19
原则一：中道整体观 　　19
原则二：诚意与慎独 　　22
原则三：顺应与超越 　　24
原则四：场域与进化 　　29
原则五：聪明与健康 　　33

第三章 真北领导力的发展模型 　　39
个人真北领导力：内外合一，自我整合的领导者 　　40
团队真北领导力：上下同欲，高绩效的团队 　　41
组织真北领导力：使命共担，创造价值的组织 　　42

第二部分　个人真北领导力篇　　45

第四章　自我觉察：看见真实的自己　　47

自我理论　　49

人格理论　　50

人生五家理论　　50

立体的自我认知：自我觉察三环模型　　51

自我觉察常见的五种方法　　53

第五章　使命探寻：激发内在的热情　　57

修身为本：儒家的安身立命之说　　58

自上而下的人生规划：NLP逻辑层次模型　　59

真北领导者使命探索：莲花模型　　62

理解自己的外壳：领导者的强项与弱项　　63

确定自己的价值观：人生最基本的坚守　　67

找到自己的动力：领导者的兴奋点　　73

明确自己的使命：人生的意义和目标　　78

使命探寻四步循环法　　85

第六章　心智进化：实现知行合一　　89

成人发展理论：五阶段心智划分　　90

心智进化方向：向应对更复杂的世界迈进　　92

SOI：揭开心智结构的步骤　　93

步骤一：写下一个有张力的故事　　94

步骤二：缩小选择范围　　95

步骤三：用"最"的问题将原来的心智结构推向边际　　95

步骤四：用新方式提相同的问题，以便获得更深的理解　　97

ITC：变革免疫分析——心智突围　　97

步骤一：改进目标　　102

步骤二：现实行为　　104

步骤三：隐藏承诺　　106

步骤四：大假设　　109

步骤五：实验测试　　112

第三部分　团队真北领导力篇　　119

第七章　团队"真北"：方向一致、上下同欲　　121

共同目标：打通团队的信息流与能量流　　122

打通信息流：确保方向一致　　123

打通能量流：确保上下同欲　　126

信任：打通团队能量流的基础　　127

信任关系：一支富有凝聚力的团队的基石　　129

不信任现象随处可见　　131

建立信任关系的关键要素　　134

建立信任关系的方法　　137

基于弱点的信任关系建设　　137

加快信任关系建设的路径　　140

信任筛查，了解团队信任关系的真实现状　　141

创造开放场域，共谋未来　　145

掌控冲突：推动信任关系进一步发展　　148

第四部分　组织真北领导力篇　　155

第八章　组织"真北"：践行使命，创造价值　　157

组织文化落地：内外平衡发展是趋势　　158

使命共担：个人使命与组织使命的联结　　　164

　　　创造价值：创新组织设计，激活组织能量　　　167

参考文献　　　172

后记　　　175

第一部分
真北领导力概念篇

大学之道，在明明德，在亲民，在止于至善。

知止而后有定，定而后能静，静而后能安，安而后能虑，虑而后能得。

物有本末，事有终始，知所先后，则近道矣。

古之欲明明德于天下者，先治其国；欲治其国者，先齐其家；欲齐其家者，先修其身；欲修其身者，先正其心；欲正其心者，先诚其意；欲诚其意者，先致其知。致知在格物。物格而后知至，知至而后意诚，意诚而后心正，心正而后身修，身修而后家齐，家齐而后国治，国治而后天下平。

自天子以至于庶人，壹是皆以修身为本。其本乱而末治者，否矣。其所厚者薄，而其所薄者厚，未之有也。此谓知本，此谓知之至也。

——《大学》

第一章　第三类领导力：整体领导力

沃伦·本尼斯（Warren Bennis）和伯顿·纳努斯（Burton Nanus）在1985年首次用"乌卡"（VUCA）[①]来描述世界局势呈现的不稳定、不确定、复杂且形式模糊的状态。贾梅斯·卡肖（Jamais Cascio）在2016年创造了一个新词汇"巴尼"（BANI）[②]，描述当前世界的环境更加多变和不可预测。无论是VUCA还是BANI，都在阐述社会发展越来越快，面临的挑战越来越多，随着外部不确定性的增加，领导者们将会面对更多复杂的、混沌的局面，面临的挑战也由原来"更多的技术性挑战"转变成"更多的调适性挑战"，不断增加的调适性挑战对领导者也提出更高的要求。随着AI技术的发展，这一趋势更加明显。

错综复杂的技术性挑战与调适性挑战

技术性挑战无论多么困难或棘手，组织和领导者都已具备面对挑战与实现目标的关键知识和能力。领导者的任务在于充分利用现有资源，专注于当前的工作，提升能力层级。技术性挑战的特点是问题本身很清楚，解决方案也很清楚，只要参与者掌握方法即可。

[①] VUCA：Volatility，易变性；Uncertainty，不确定性；Complexity，复杂性；Ambiguity，模糊性。
[②] BANI：Brittle，脆弱性；Anxious，焦虑感；Nonlinear，非线性；Incomprehensible，不可理解。

调适性挑战是指为了完成目标，组织或者领导者需要发明新知识并创造新能力。领导者的主要任务是引导创造出新知识，找见新方法。组织重塑之前，先重塑自我，协助发展更复杂的能力，提升心智层级。调适性挑战的特点是问题本身不是很清楚，解决方案也未知，不管是界定问题还是找到答案，都要进行探索创新。

在实际的工作中，领导者们面临的挑战是混合的，技术性挑战与调适性挑战相互交错，大部分情况是"问题是清楚的，但解决方案并不清楚"。这就要求领导者不仅要学习知识技能、提升效率，更要突破现有劣势，升维思考，探索创新。哈佛大学的领导力大师罗纳德·海菲兹（Ronald Heifetz）教授认为，领导者犯过的最大错误，就是试图利用技术性手段应对调适性挑战。领导力要用来解决调适性问题，而非技术性问题。例如我们在服务企业客户时，经常会听到客户说："以前公司小的时候，一个客户只需要一个人就能完成全套服务，此刻不需要协同，客户满意度非常高。但是随着公司快速发展，大家分工越来越细，已经不可能是一个人服务一个客户了，将会有很多部门共同参与服务同一个客户，这对公司跨部门协同要求越来越高。但是当前我们内部协同不好时，跨部门合作的效率低下，非常容易出现客户投诉问题，因此我们在找一门跨部门沟通与协同的课程，需要帮助大家提高协同效率。"这是非常典型的用技术性方案解决调适性问题的思路。如果最终企业只是选择给领导者开设一门跨部门沟通与协作的技能方法课程，那么能改善的范围和效果将是有限的。因为公司面临的问题里面包含了大量的调适性挑战，是技术性挑战与调适性挑战融合的典型现象。除了给领导者们培训一些关于跨部门沟通与协作的方法技能以外，更应该从认知和观念上进行发展，帮他们理解为什么要协同，认同组织协同的理念，将组织协同与个人认知紧密联结后，再化解领导者们内心的冲突，提升协同的方法技巧。只有领导者们的思维模式发生好的改变，未来组织协同效率才能真正改善。

但现实情况是，领导者们常常不区分技术性问题与调适性问题。面对残酷的现实，一些问题拥有者不想调整和改变自己，而是期待权威、外部专家、公司上级或其他同事等给出良药。人们期待答案，而不是问题。解决问题者常常也满足这种期待快速解决方案的愿望，把注意力集中在技术性问题上。真正的领导力，是动员群众直面残酷的现实，进行适应性的工作。不过这样的情况在近年来逐渐好转，越来越多的组织和领导者开始关注调适性挑战，意识到自我发展对组织绩效的影响。对应的横向领导力和纵向领导力这几年在企业界和培训界就备受关注和欢迎。

横向领导力与纵向领导力各显魅力

横向领导力是指领导者为了完成当下的工作任务，需要提升的能力和技能，类似我们经常说的基于胜任力模型的发展内容。不同的专业岗位需要特定的能力，如协作的能力、影响的能力、销售的能力等，这些特定的能力需要人们逐渐去构建、锻炼、强化，以达到更好的理解和应用。横向领导力的关注点是能力（competency），强调的是能力和技能的娴熟度不断提升，适用于有明确问题和特定解决方案的情境，即技术性挑战，解决效率问题。

纵向领导力是指一个领导者观念的进化，关注于人们如何理解世界，是一个人对事物的认知模式、思维模式、心智模式。纵向领导力的内容是领导者认知自己、认知他人、认知集体以及认知世界的思考方式和心智模式。纵向领导力发展到每一个更高层次，领导者的思维就变得更加"广阔"。领导者的思维一旦扩容，就可以承载更多的知识和能力。纵向领导力的关注点是"容量"（capacity），聚焦智慧与转型，增强对潜在机会和威胁的敏锐性与警惕度，适用于没有明确问题或明确解决方案的情境，即调适性挑战，解决创造问题。

用一个形象的比喻来说，发展横向领导力就是向一个杯子注入知识、技能和能力等，把杯子加满，但是由于每个杯子的容量有限，装满以后就无法注入新的东西。发展纵向领导力则不同，目标是扩大杯子的容积，当杯子的容积扩大后，就可以装更多的东西。杯子的容量，指的是个人的心智、认知和思维格局。因此我们对领导者的培养，不能只是能力和技能的培训，如果一个人的认知不改变，给他再多的培训内容都没有用处，因为他装不下这些知识技能，也不会主动改变行为。因此我们说领导者不仅需要拥有专业的知识、技能和能力，获得横向发展，还需要不断自我觉察，突破思维局限，升级心智模式，提升格局，获得纵向发展。二者之间的关系如图 1-1 所示。

纵向领导力
- 对世界的理解方式/认知：**观念、思维、心智**
- 适合调适性挑战
- 解决创造问题

横向领导力
- 胜任岗位/任务的能力：**知识、技能和素质**
- 适合技术性挑战
- 解决效率问题

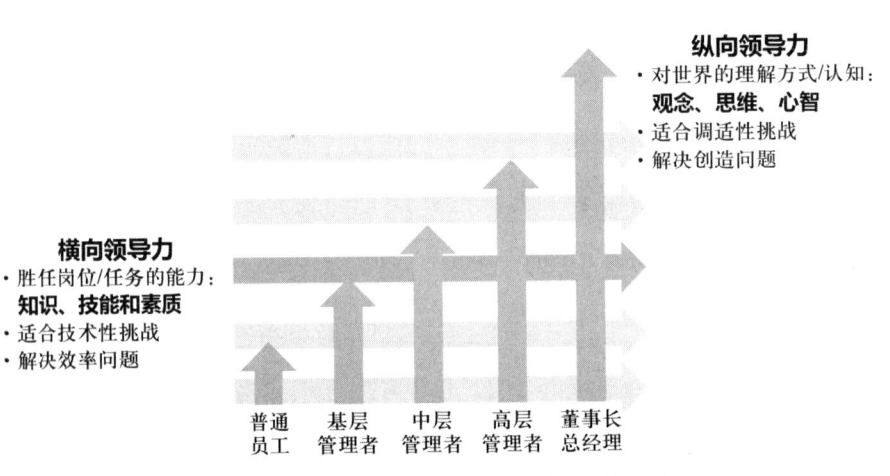

普通员工　基层管理者　中层管理者　高层管理者　董事长总经理

图 1-1　横向领导力与纵向领导力的关系

从图 1-1 可以看到，横向领导力与纵向领导力一方面相互关联，另一方面又泾渭分明。在领导者成长过程中，比较常见的例子是，当一位管理者从部门负责人被提拔为某事业部总经理时，他所需要的领导力（能力）并不是过去技能的简单叠加，可能是完全不一样的新能力和新技能。对于一位中层管理者，我们强调的往往是计划组织、时间管理、达成目标等能力；而对于一位高层的管理者，则更多强调的是有远见、能创新、能变革，能构建组织的能力。然而，人们往往会因为过去形成的一些观念、经验和习惯而很难演进到下一个更高的工作维度。有的时候，恰恰是我们过去认为对的观念（自己认为的"绝对真理"），形成了我们向更高一个级别迈进的阻力，这意味着只有把现在这个杯子打碎或者扩容，我们才有可能重新构建一个更大的杯子，才能够承载新的领导力。

如果重视横向领导力发展，不重视纵向领导力，那么就容易出现学完也不愿意用，甚至不愿意学习的情况，没有解决动机问题。如果重视纵向领导力发展，不重视横向领导力，就容易出现知道道理，但是做不好事情，能力平庸的现状。因此我们提出第三类领导力：整体领导力。

什么是整体领导力

整体领导力是基于中国儒家整体观的理论（"修内达外，止于中，至于善"），再融合横向领导力（能力）与纵向领导力（认知）的发展理论提出的，其将领导者看成一个有机的整体。整体领导力不仅关注能力和认知的发展，更关注领导者自身的生机，即他的生命状态和能量状态（如图1-2所示）。只有当领导者个人生机勃发时，他才能使用现有的认知和能力更好地完成领导工作。

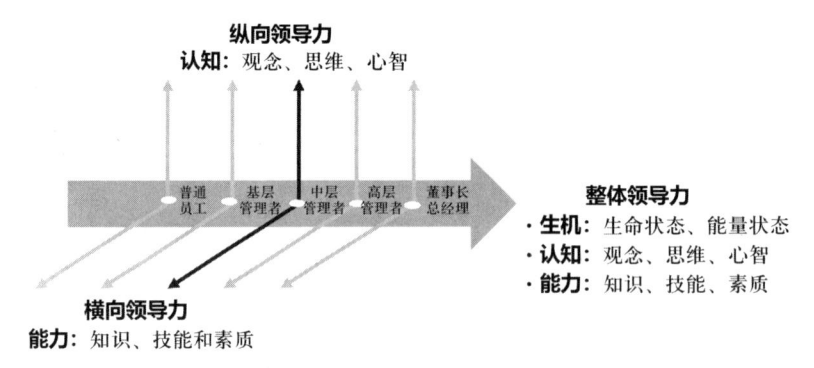

图 1-2 第三类领导力：整体领导力

整体领导力有两个显著特点：一是将领导者的生机作为前提；二是基于整体观的发展理念。

特点一：将领导者的生机作为前提。在中国儒家文化中，人的生机是最重要的发展内容之一，既包括一个人的生命状态，指生理上生机勃勃，提高健康指数，强调生理层面的"修身"；还包括一个人的能量状态，指精神上保持积极向上的状态，在工作生活中找到自己的使命和人生意义，释放自己的热情与热爱，减少焦虑和内耗，在精神上处于生机勃勃的状态，强调精神层面的"修心"。领导者只有处于更有生机的状态，才能够更好地完成领导工作。

特点二：基于整体观的发展理念。整体领导力强调生机、认知和能力整合发展，将人的发展看成一个有机整体，不再仅重点强调某个维度，而是一个整体的概念。把领导力的发展放到整个生命周期来看，我们可以从纵向领导力开始，帮助领导者自己觉察、打开认知、进化心智，将这个杯子的容量扩大；然后再向杯子里面不断补齐需要的知识、技能等能力，让这个杯子的内容不断丰富；且在这个过程中，更要关注这个杯子的质量是否结实，一方面是能否接受容量的扩大，另一方面是能否承接住新加入的知识技能。回到前面的比喻，横向领导力关注的是往杯子加入更多的东西

（能力），纵向领导力关注的是杯子的容量能否装下更多的东西（认知），而整体领导力关注的是杯子的质量（生机）、杯子的容量（观念）、杯子里的内容（能力）。

整体领导力是我们基于学习经验和工作实践经验提出的一个观点和概念，可以用于我们工作和生活的方方面面。如果你是幼儿园老师，可以用整体领导力来发展自我，帮助自己提升对孩子的照护和教育，与孩子构建一个整体；如果你是一位全职妈妈，依然可以用整体领导力来发展自己和管理自己的家庭，与家庭构建一个整体；如果你是一位企业领导者，也可以用整体领导力来发展自己和管理团队，与企业构建成一个整体。整体领导力是一个庞大系统，包括一系列的内容。而我们认为帮助企业与员工实现"个人与组织使命共担"是整体领导力发展的第一步，也是最关键的一步，因此我们给这个场景应用取了一个特殊名字——"真北领导力"。当我们在后面的篇章中提出发展真北领导力时，就是指发展领导者的整体领导力中关于实现"个人与组织使命共担"这方面的能力，即帮助个人和组织探索使命，形成个人使命与组织使命的联结、共担，在这个过程中充分地绽放个人势能，提升组织的效能，最终实现个人与组织的共同使命的能力。

为什么要提出真北领导力

真北领导力是指领导者基于一个长远的目标，用真诚的领导方式，激发出自己与周围人的内在激情和动力，追求长期价值发展，为所有利益相关者创造价值，且服务于社会的能力。

为什么会提出真北领导力这个概念呢？

因为经过多年对领导力发展的研究以及企业领导力培养的实践经验，我们观察了很多企业领导者及其管理团队的工作状态，发现一个现象：领导者们很忙碌，每天工作安排得满满的，加班也是家常便饭，大部分领导者的业绩也不错，能带领队伍达成公司或团队发展目标。可是能够真正在工作中感受到乐趣的领导者不多，能够找到自己人生目标的领导者不多，能带着热情与热爱工作的领导者也不多，能够将自己的人生目标与公司的使命愿景结合在一起的领导者更少。但是当我们访谈这些领导者时发现：在面对自己的组织或下属团队时，他们希望团队成员在工作中呈现的状态却是充满激情与责任心、能够理解公司或部门目标并执行、彼此高效地协同合作等。

领导者对团队成员的期望与自己真实的工作状态有很大不同，为什么会出现这种情况呢？其实这并不是领导者们的真实意愿，而是大家都有很多看不见的认知盲点导致这类情况频繁出现。凯根教授用"成人发展理论"，从心智进化的角度对这个现象给出分析，他认为75%的成人都处于"规范主导"阶段，此阶段的领导者心智发展特点是社会化程度高，以外部标准或权威评价为标准，更多的关注点来自外部，压抑了自己内在的真实想法，没有办法将内心最深处的声音与自身行为融合，所以没有成为一个内外整合的人，因此内心所想与外部展现时常会有很大差异。用我国古代典籍《大学》中的一个观点"诚中形外"来分析，这种情况下的领导者没有做到"诚意"，但并不是他们不诚实，不想做到诚意，而是自己都不知道或没有觉察，所谓"不知道自己不知道"，可能原因之一是没有做到对自己的诚意，没找到自己的目标以及内心需求，只是为了满足工作需要或完成一份工作，对自我觉察或认知不够清晰。其次是没有做到对团队或组织的诚意，自己都不能做到的状态还去要求别人，是没有办法达到自己想要的结果。所谓"其所好而反其所令，则民不从"，即自己的行为和自己倡导的理念与内在认知相悖，团队成员是不会服从的。这也是在某种程度上把自己与团队看成对立面，并没有将自己与这个团队构成一个有机整体，没有意识到自己内心的想法和意识对这个团队整体的影响，所以最终团队成员不会按照其提倡的理念行事，也很难形成一个真正高绩效的团队。

但是在支持领导者学习发展时，我们以往将大部分资源和精力放在怎么帮助领导者解决岗位工作问题上，即培养横向领导力，给他们提供解决问题的方法与技能，例如战略制定、业务管理、绩效管理、目标管理、营销管理、任务分解、下属辅导、从技术到管理、跨部门沟通协作等，很少关注领导者及其团队成员的内在观念和生命状态。虽然拉姆·查兰在《领导力梯队》一书中提出针对不同层次的管理者应该有不同的关注内容，而每个层级都应该从"工作理念、领导技能、时间管理"三个维度设计。大家在参考使用这本被很多公司作为领导力培养和发展奠基的书籍的过程中，仍然将大部分资源和精力都放在"领导技能"这个维度，对于"工作理念和时间管理"投入的资源和精力很少。而且在工作理念方面的侧重点是关注大家胜任本岗位的工作理念，例如基层管理者应该从"自己完成任务"的理念转变成"依靠他人/团队完成任务"的理念，对于领导者自己的生命状态和能量状态并没有关注。

不过近几年企业学习的关注点发生了变化，从知识到行为再到业务实践，所有的学习都更加务实，更加重视结果转化。组织培训的负责人也逐渐意识到领导者们的内在状态直接影响他完成一件事情的质量，领导者们能不能学会那些领导技能和工作理念，能不能将学到的领导技能和工作理念发挥出来，都与领导者们当前的内在状态相关。正如《U型理论》一书论述，学习可以从三个层面发生：在成果层面上学习知识（何谓，what）、在产生成果过程的行为中学习方法和技巧（如何，how）、在影响行为的源头层面学习思考方式等（何处，where），如图1-3所示。就像我们在欣赏一位画家的作品，可以观察最后的成果（画作，做出了什么），还可以观察创造过程（绘制的整个过程，怎么做），最后还能观察创作前的过程（空白画布或源头，画家拿着笔站在空白画布前创作和思考的过程，在完全空白画布前发生了什么事，是什么激发画家落下第一笔）。

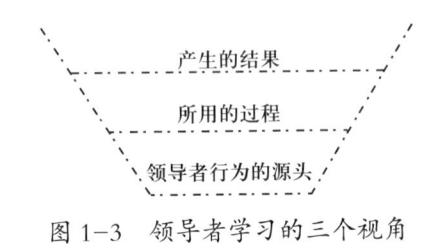

图 1-3　领导者学习的三个视角

奥托·夏莫认为领导者们唯一的工作，就是行动和产生结果。要做到这点，必须把目标、战略、人格和过程整合起来。过去几十年，关于如何完成工作和学习的管理重心已经发生两次转移：第一次转移是把关注点从可见结果（what，做什么）转向过程（how，如何做），例如企业管理从关注产品（检测产品质量）转变成关注如何通过过程管理提高产品质量。在这个阶段，企业管理职能被分成一系列子任务：金融、战略、人力资源、制造等，参与者将注意力放在各职能绩效指标上，如成本、交付时限、产品质量等，同时也需要更多跨职能组织和部门高度协同。第二次转移是从关注过程（how，如何做）转移到关注源头（where，何处做），即从关注过程转移到关注领导者和系统运营的内在发源地。从20世纪90年代至今，管理重心从过程转移到了创新和变革的源头，这个阶段的突出特点在于各职能领域之间的界线正在消失。虽然每个职能部门都可以采用不同策略和路径，但它们实质上会到达同一个地方，应对同样的事实——如何接近深层次创新、革新和改变的源头，即如何有效地应对当前社会发展的复杂性？

未来的竞争同孕育生命一样，需要经历三个阶段：受孕、妊娠、分娩。此刻领导者们需要关注的问题是：我们在哪个阶段花了最多的时间和精力，受孕、妊娠还是分娩阶段？我们观察的结果是，大多数管理者把太多时间耗费在产房,等待诞生奇迹。但是大家都知道,如果没有9个月前的某些活动,奇迹就不可能出现。管理是把事情办妥,而领导是创造和培育事情发生的大环境,我们已经从管理转向了领导力,现在又要超越领导力转入启发激励。21世纪,组织必须通过创造内在条件、释放员工的力量来获得最高绩效。换句话说,不是领导或管理他们,而是共同启发激励他们。高绩效组织如果想取得进一步发展,领导者必须把注意的焦点从过程转移到"空白画布"上,他们必须帮助人们接近激发灵感、直觉、想象力的源头。

曾子第75派裔孙曾庆宁先生创办了三鼎修身书院,通过弘扬《大学》与儒家心法弘扬中国儒家文化的道统。三鼎修身书院的使命是"让天下人更有生机"。当我第一次听到"生机"这个词语时,内心被震动了一下,觉得是一个非常有力量的词语。后来听曾先生解释说,"生机"字面意思是生命的活力、生存的机会,但内涵包括内在机梏和外部机会。内在机梏是指一个人的内循环,包括心力、气力和体力,这叫"内圣",可提升一个人或一个组织的内部稳定性和能量状态,是一个人的修养成就;外部机会是指一个人或一个组织获取的外部的机会,如在家庭、工作、家国天下等不同场景中获得的机会,我们处理外部事物或工作的能力和方法越好,获得的机会或者位置就越多,这叫"外王",是社会上的功用说。内外要同时提升,人的生机才能够形成一个平衡系统,才能稳固向前发展。当领导者只是关注外部的机会,追求获得更高的位置,而内在机梏没有相应的提升时,那么这些领导者的生机将会失去平衡,长远来看,最终效果或成果会受到影响。例如我们经常听到的德不配位、认知局限、家庭破裂、健康受损等,都是因为这个人的内在机梏与外部机会没有达成平衡。

所以我们提出真北领导力,强调首先改变领导者们自己的内在状态,找到自己的人生目标和意义,激发出自己的内在激情,成为一位内外整合的人,成为一位诚于中而形于外的"有匪君子";然后以真诚的领导风格,关注团队成员的生命状态，帮助团队成员找到人生目标与意义，激发出团队成员的激情与热爱，为实现共同目标和使命愿景努力；再发展每个阶段的目标和任务要求领导者具备的知识技能等，通过有次序、有节奏的螺旋上升的方式发展领导力。需要强调一点，我们倡导真北领导力，并不是说以前学习的方法、技能不重要，所以才放在最后发展。这些方法技能仍然非常重要，是领导者们胜任岗位工作的重要能力，是解决每个阶段具体问题的技能与工具。只是我们期望在支持领导者学习时，能够将注意力转移到内在源头，从此处开始，不断往外扩延，将内在能量提升和外用技能提升结合起来，最终形成一个"执中"的状态，止于至善。内外兼顾才能"内圣外王"，最终才能让领导者更有生机，让组织更有活力，更容易实现高绩效。

真北领导力的内涵

我们给出了真北领导力的概念，即真北领导力是指领导者基于一个长远的目标，用真诚的领导方式，激发出自己与周围人的内在激情和动力，追求长期价值发展，为所有利益相关者创造价值，且服务于社会的能力。

你可以想象有这样一位领导：

- 他真诚，内外合一，找到了人生的目标与意义，忠于自己的核心价值观，带着热情与热爱做领导工作。
- 他亲民，深具使命感，善于建设上下同欲的团队，能激发团队持续进化，实现共同目标。
- 他成事，擅长商业管理与高效做事方法，追求长期价值发展，力争满足所有利益相关者的需求，拥有服务社会的大愿。

如果一位领导者具备上述特点，我们就认为他是一位拥有真北领导力的领导者，简称"真北领导"。因此我们对"真北"两个字赋予特殊的含义。

北，是指目标。借鉴中国古代天文学对北斗星和北辰星的定义，北在这里意为指引我们前进的方向和目标，这就包括个人目标、团队目标及组织目标。个人目标是指领导者个人的人生目标、人生意义或自己的使命，而团队目标或组织目标是指一个团队或组织的使命、愿景、战略目标等。对于真北领导来说，我们需要找到个人目标，需要帮助团队和组织找到目标，更需要将个人目标与团队目标和组织目标融合，形成一个整体。

真，是指方式。确定目标后，实现目标的方式有很多种，那到底该选择什么方式来实现目标呢？建议用"真"的方式。什么叫"真"？我们认为其包括三层含义：真实、真诚、真本事。

第一个"真"就是真实，真实的商业环境。没有任何团队和组织是处于真空之中的。因此无论我们讨论组织的使命愿景和发展目标，还是讨论领导者个人的人生目标与人生意义，都是基于当前真实的商业环境，包括他当前的个人状态、家庭状态、工作状态、人生发展阶段以及组织的发展阶段和要求。我们的目的是帮助个人提升生机，创造更有意义的人生，帮助组织获得更长远的发展。因此我们提倡领导者们要实事求是，基于当前的真实环境，不妄想，不空谈。进入21世纪后，教练技术逐渐兴起，很多人都在努力将教练技术应用在企业管理中，例如教练型领导被推崇。可是在设计领导力培养项目时，有一些企业却不敢用教练技术帮领导者去寻找人生意义。正如一位培训负责人说："要是参加完培训项目，他们都找到自己的人生意义，发现不适合现在这家公司，就离职了，那么我们就成了罪人，不仅没有帮助公司发展人才，还让人才流失，队伍更加不稳定。"这位朋友的担心也有道理，也许在他的认知中，找到人生意义与现在工作的对立之处，会发现现有的工作和个人的人生意义没有办法构成一个整体，所以他不敢尝试。虽然近几年这样的情况有所缓解，但依然有很多人在不同程度上担心个人意义与工作分离，甚至对立。可是我们想说的是，真正的人生意义是基于当前现实的感性分析与理性分析的综合结果，是基于真实的商业环境和生活环境得出的，它可以与工作、生活构建成一个有机整体。本书后面篇章会提供方法帮助领导者们一步一步地找到人生的意义，所以我们说真北领导力中的第一个"真"就是真实。

第二个"真"就是真诚，真诚的领导方式。 所谓"一诚天下无难事"。这个"诚"就包含了好几层含义，第一层含义就是对自己有诚意，正如《大学》所说："所谓诚其意者，毋自欺也。如恶恶臭，如好好色，此之谓自谦"。不欺骗自己，诚实面对和展示自己内心的想法；第二层含义就是对他人有诚意，不掩盖自己的错误行为而彰显自己的正确行为，所谓"诚于中，形于外"，我们要真诚待人，建立自己的信誉；第三层意思就是做事有诚意，所谓"富润屋，德润身"，我们做事的时候应该注重修身，提升自己的德行，将自己的善意通过工作或生活传递出去。因此想要成为一位真北领导者，首先需要成为一个诚意正心的人、内外合一的人，然后去思考如何高效胜任更高管理岗位，如何带领团队完成任务。我们认为领导者要发展领导力，首先要真诚，即做自己，从你过往的人生故事中，挖掘出属于自己的、与自身品格和性格相一致的领导风格；你可以吸取他人成功的经验，但绝对不可能通过模仿他人而获得成功，只有当你表现出自己真诚的一面时，人们才会真正信任你。所以我们会帮助领导者们去觉察自己、寻找自己、进化自己，然后找到适合自己的领导风格，发展出自己的真诚管理方式。

第三个"真"就是真本事，也叫真正的价值创造。 创造长期价值和服务社会是我们的终极追求，因此领导者还需要具备解决商业管理问题的经验和方法技巧，并利用它们去实现共同目标。其实在这个维度对领导者们的学习和发展进行支持是当前领导力培训企业最擅长的，我们也花了很多资源和精力来帮助领导者们在这个维度成长，帮助他们更好地去做企业文化、做战略、做流程、做营销、做管理、做研发与技术等。那么作为一个真北领导，能够践行公司使命，打造一个可以创造长期价值的组织和团队，这是基础条件，所以我们仍然会在这个维度支持和帮助领导者们学习和发展。

以上就是我们提出的真北领导力的内涵（见图 1-4），即首先帮助领导者在真实工作生活中找到自己的使命，然后用真诚的领导方式帮助团队成员也找到使命，最后再用真本事去实现共同的使命。

图 1-4 真北领导力的内涵

本章小结

[1] 技术型挑战的特点是问题本身很清楚，解决方案也很清楚，只要参与者掌握方法即可。

[2] 调适性挑战的特点是问题本身不是很清楚，解决方案也未知，不管是界定问题还是找到答案，都要求进行探索创新。

[3] 横向领导力的关注点是"能力"，强调的是能力和技能的娴熟度

不断地提升，适用于有明确问题和特定解决方案的情境，即技术性挑战，解决效率问题。

[4] 纵向领导力的关注点是"容量"，聚焦智慧与转型，增强对潜在机会和威胁的敏锐性与警惕度，适用于没有明确问题或明确解决方案的情境，即调适性挑战，解决创造问题。

[5] 整体领导力，不仅关注能力和认知的发展，更关注领导者的"生机"，即他的生命状态和能量状态。

[6] 真北领导力是指领导者基于一个长远的目标，用真诚的领导方式，激发出自己与周围人的内在激情和动力，追求长期价值发展，为所有利益相关者创造价值，且服务于社会的能力。

[7] 真北领导者的画像：

- 他真诚，内外合一，找到了人生的目标与意义，忠于自己的核心价值观，带着热情与热爱做领导工作。

- 他亲民，深具使命感，善于建设上下同欲的团队，能激发团队持续进化，实现共同目标。

- 他成事，擅长商业管理与高效做事方法，追求长期价值发展，力争满足所有利益相关者的需求，拥有服务社会的大愿。

[8] 没有任何团队和组织是处于真空之中的。无论我们讨论组织的使命，还是讨论领导者个人的使命，都是基于当前领导者的真实环境，包括当前他的个人状态、家庭状态、工作状态、人生发展阶段以及组织的发展阶段和要求，提倡实事求是，不妄想，不空谈。

[9] 领导者要发展领导力，首先要真诚，即做自己，从你过往的人生故事中，挖掘出属于自己的、与自身品格和性格相一致的领导风格；你可以吸取他人成功的经验，但绝对不可能通过模仿他人而获得成功，只有当你表现出自己真诚的一面时，人们才会真正信任你。

第二章 真北领导力发展的总体原则

真北领导力是在参考一些经典理论和方法的基础上，结合当前社会环境下企业领导者的真实工作及生活情景提出的领导力概念。在发展真北领导力的过程中，我们会重点依据五个原则，用于指导设计。

原则一：中道整体观

内外合一，构建中道整体观。

中华传统文化的理论精髓之一是整体观。无论是儒家、道家、法家，还是中医，均提倡整体观。整体观主张世界上的事物是互相兼容且可以互相转化的；整体观认为局部相加不等于整体，局部规律在整体层面会失效，但整体规律可以驾驭局部规律。基于整体观，我们可以认为人的生机与构建生命整体的能力相关，人生的价值取决于能否主动地构建生命整体。

在跟着三鼎修身书院曾庆宁先生学习儒家经典《大学》时，曾先生提出：如果要用一个字代表儒家，那就是"中"，修儒就是修中；如果要用两个字代表儒家，那就是"内、外"，"内""外"融合为一，就是"中"；如果用三个字描述，那就是"文、行、心"，即文法、行法、心法，从这三个层面精进，既有"内"又有"外"，修"内"而达"外"，最后成为一个"中"。前文讲到儒家另一个特色的代表词"内圣外王",说的就是修"内"达"外",指一个人内在的东西一定要向外展现出来,在处理外部事物的时候要能够做得好,做得精彩。而一个人遇到外部好的东西也要往里收,充实自己,这样就可以内外打通,形成"内圣外王"的状态,也就叫"中"的状态。我国历史上有很多这方面的代表人物,例如王阳明、曾国藩、范仲淹、欧阳修等,他们都是对内的修为高,对外还有能力把一群人、一个地区、一个国家治理好。

中与中道,是中国古人对整体的表述,是儒家心法的精髓。而儒家心法是关于用心建立生命整体的方法。什么叫生命整体呢?生命整体是以人的生命活动为基础,以心性为主宰而建立起来的整体,包括心物整体、心意整体、心身整体、人家整体、人群整体、人天整体等。中道整体观,全称是中道生命整体观,是关于建立生命整体的理论。中道生命整体观是以中华传统文化中的整体观为基础,以儒家经典《大学》为蓝本建立起来的现代整体观。

曾子撰写的《大学》是中国古代用来培养士大夫的蓝本,是中国古人为国家培养精英管理层的参考,特别是《大学》总纲被认为是中国人的"圣经"。《大学》可以说是中国管理者领导力发展的一个经典参考起源,是中国人领导力发展的基础。因此我们在发展真北领导力时,借用儒家心法提倡"修内达外""修中""中道生命整体观"等思想,帮助领导者们将"内在自我探索"和"外在技能训练应用"结合起来。正如《大学》开篇提出:"大学之道,在明明德,在亲民,在止于至善"。这几句话,用现代领导者培养术语来解释,就是为领导者的培养构建一个胜任力模型,提出领导者发展的三个关键维度:修己、安人、成事(如图2-1所示)。

图 2-1 《大学》领导力发展模型

修己，就是"明明德"。领导者首先要做的事情就是提升自己的内在修为，提升自己的内在认知，管理好自己。例如当你从一位骨干员工被提拔为基层管理者时，首先需要在思维、心智、心性等方面转型，然后基于现有岗位的要求提升自己的认知。先管理好自己，修好内在自我，能够"以理立心"，深度觉察自我，找到自己的内在信仰与价值观，然后才能"以心驭身"，带着这颗觉察之心与觉醒之心，去指导自己的思维和行为，帮助自己向着内外整合的境界更进一步。

安人，就是"亲民"。领导者在做好自己、提升自我修为的基础上，第二件重要的事情就是带好队伍，激励自己团队的成员，打造一个高绩效的团队。一个从业者从个人贡献者转型成为一位领导者，最重要的一个区别就是从通过自己完成任务转型成通过团队其他人完成任务。这就需要领导者能够"以己帅众"，在"明明德"的基础上，提升领导力，能够亲民（亲近团队成员），也能够新民（让团队成员不断进步、日新又新），成为一位有影响力的领导者。

成事，就是"止于至善"。领导者最重要的任务就是带领团队把事情做成，帮助公司/团队实现发展目标。因此，那些实现业务目标需要的方法和技能，是成事的基础，也是领导者的必备技能——可能是专业技能，也可能是管理技能。无论要提高哪一类技能，领导者都需要不断地主动精进和提升，并专注于一个目标，那就是把事情越做越好，带着团队向着

"完善"的境界努力。

所以，一位真北领导者要建立起自己的中道生命整体观，在"修己、安人、成事"三个维度齐头并进，止于至善。而修炼好自己，成为一个内外合一的人，成为一个高度内在整合的人则是基础。

原则二：诚意与慎独

最有效的领导力就是做自己，是展现出真诚。

在解释真北领导力的内涵时，我们提出第二个"真"就是真诚，真诚的领导方式。"一诚天下无难事"，先贤大儒王阳明功成名就，被称为"立德、立言、立功"三不朽的圣人。在立德方面，阳明先生一生都在"致良知"，从小便把做"圣贤"当作自己的人生理想，用良知来审视自己的意念行为，践行着圣人之道。在立功方面，阳明先生在平息民变、剿灭盗贼、平定叛乱上都取得了很大的功绩，但是他认为自己最大的功绩是实践儒家的"德治"理念，让"礼教"渗透到民间，以淳化民心，美化风俗。在立言方面，阳明先生是"心学"集大成者，他在宋代大儒陆九渊"心学"的基础上，以自己的体悟加以完善，并融合了儒、释、道三家的哲学思想，形成了独具一格的"心学"体系。

阳明先生的致良知，关键在一个"诚"字，这给我们发展领导力做了一个很好的典范。所以我认为，领导者首先应该是一位诚意正心的人，然后才能去谈如何高效胜任管理岗位，如何带领团队完成目标任务。领导者要发展领导力，首先要真诚，即做自己，从你过往的人生故事中，挖掘出属于自己的、与自身品格和性格相一致的领导风格；你可以吸取他人成功的经验，但绝对不可能通过模仿他人而获得成功，只有当你表现出自己真诚的一面时，人们才会真正信任你。所以我们建议领导者们去觉察自己、寻找自己、进化自己，然后找到适合自己的领导风格，发展出自己的真诚管理方式。

卓越领导者与平庸领导者的最终区别是个人的内在素质，这是一种难以界定却又是成功必不可少的素质，而我们认为真诚是其中的关键因素之一。领导者只有擅于发现内在的真我，保持真诚、正直，才能拥有让自己不偏离正确航向的领导能量，从而引领团队找到真正的凝聚力。而忠于自己是最重要的！如果你充满野心，那棒极了；如果你没有野心，那也很好。你只要忠于自己就行，并不是每个人都能成为第一。即便是竭尽全力，你也不一定能够做到第一，而且即便最终做到了第一，你也未必开心，因此我们需要找到自己，做自己，首先对自己保持真诚，然后对外界同样也保持真诚。这里强调的"自己"，是指那个觉醒的自己，那个真我，而不是任性或随心所欲地想做什么就做什么的自己。

另外，随着领导职位的不断提升，领导者需要应对的管理问题复杂性越来越高，需要做出的选择和决策也越来越多。当我们面对的选择越多的时候，要认清自己就会越困难，这些选择机会可以帮我们打开新的通道，助我们更好地成长；也可以引诱我们，让我们偏离真实的自己。同时还会遇到一些威胁我们、讨厌我们、拒绝我们的人，为了保护自己免受伤害，我们可能会全副武装，为自己戴上面具，并在这个过程中逐渐失去自己的真诚，这是真北领导者要警惕的一点！

此外，一个人如果没有认清自己，很容易追求一些外部成功信号，而不是去成为一个自己想要成为的人。当你感觉自己受到威胁或被拒绝时，你很难控制自己的情绪或恐惧心理，也很难压制住自己内心的冲动。许多领导者，尤其是那些缺乏职场经验的人，总是在努力追求成就，结果没有时间认清自己，或者他们也不会想到要去认清自己，随着年龄的增长，慢慢就会发现生活中缺少点什么，或者意识到有些东西正在阻碍自己前进，让他们无法过上自己想要的生活。

我们在寻找"真北"的过程中，有一点非常重要：我们必须承认自己很容易脱离正确的轨道。业绩压力、对失败的恐惧及成功带来的荣耀，都很容易使我们违背自己的原则。因此我们说真北领导者需要时刻对自己保持真诚，在面对日益复杂的局面时，依然要保持真诚，坚持做自己，确立明确的价值标准，并在面对压力时顽强地经受住考验，才能保持在"正确"的轨道前行，才能展现出最有效的领导力。

原则三：顺应与超越

自我觉察是发展领导力的起点，但超越自己才是发展领导力的目的，因此既要顺应天性，又要超越天性。

真正的改变要从心出发，只有心动了，真正的改变才会发生，而觉察又是心动的第一步。领导力的发展亦是如此。已经有很多理论或书籍表达了这个观点——自我觉察是领导力发展的起点。正如《大学》所说："自天子以至于庶人，壹是皆以修身为本，其本乱而末治者，否矣。"意思是说从天子到平民，都是以修养自身为根本。一个人没有修养好自身，是不可能治理好家庭、国家、天下的。那如何修身呢？《大学》指出："欲修其身者，先正其心；欲正其心者，先诚其意；欲诚其意者，先致其知；致知在格物。"意思就是想要修养好自身，先要端正自己的心态；想要端正自己的心态，先要使自己的意念真诚；想要使自己的意念真诚，先要使自己获得认知；获得认知的方法在于研究事物、感通事物。研究事物和感通事物之后能获得认知，获得认知之后能使意念真诚，意念真诚之后能使心态端正，心态端正之后能修养自身。

领导力是什么？很多学者、企业家或实践者给出了不同定义。本书开篇也给出了真北领导力的定义：真北领导力是指领导者基于一个长远的目标，用真诚的领导方式，激发出自己与周围人的内在激情和动力，追求长期价值发展，为所有利益相关者创造价值，且服务于社会的能力。因此，我们认为领导力是指领导者提出一个目标，并通过恰当方式激励和影响周围的人为实现目标而努力的能力。这个定义体现出领导力的三个关键要素，即方向性、影响力和执行力，而影响力是最关键且最不容易的环节。这符合《大学》中提出的"大学之道，在明明德，在亲民，在止于至善"，领导力就是领导者的"亲民"，而"亲民"的前提是"明明德"。"明明德"的内容就包括"格物、致知、诚意、正心、修身"。因此要提升领导力，首先要格物，然后才能致知、诚意和正心。格物又包括格外物和格内物，格物的原则是先内后外，先近后远，因此我们首先需要从格内物开始，也就是从自我觉察开始。现在越来越多的研究和书籍在强调自我觉察的重要性，在培训行业更是如此。很多年前我们在给领导者做培训时，很喜欢安排一个前期测评或评价表等，借用测评工具或他人反馈等方式，帮助领导者进行自我认知，这些方法确实起到一定效果。但这些都是基于外部的反馈，真正的自我觉察是内在自我的觉醒。因此我们还需要更多地向内观察，例如采用冥想、正念、儒门正坐等方式，明确自己的价值观和信念，然后通过不断地、有结构地自我对话，帮助我们进行内在的深刻觉察。那么到底如何进行自我觉察，本书后面会展开说明。

由此可见自我觉察很重要，但我们要记住自我觉察只是发展领导力的起点，而超越自己才是发展领导力的目的。领导者只有超越自己，才能带领自己的团队向着目标更进一步。为什么我们要强调这句话呢？因为在当今社会，有很多工具和方法帮助我们去觉察自己，很多人也有一些自我觉察的能力，可是难点就是不能够改进或自我超越，例如很多家长觉得不应该对自己的孩子发火，自己也觉察到这方面的问题，可还是忍不住一次又一次地发火，在这方面没有改进，没有超越过去的自我。在企业中，很多领导者亦是如此。有些领导者上过很多关于领导或管理主题的课程，也知道自己可能存在的"短板"，甚至自己也经常能觉察到不适宜行为，例如不该过多地把下属的活儿干了，但现实却仍然没有改进，依然不停地干下属该做的事情，并没有超越原来的自我。

王阳明提出的"知行合一"被大众熟知，可仅仅是熟知，能真正做到的人是少数。儒家心法传人曾庆宁先生说过：对现代人来说，阳明心学缺了一块，缺了"修"，缺了儒家修身这一块。这不是说阳明先生他没有做到知行合一，他做到了真知真行，而是我们很难做到。阳明先生原来的说法是："知是行的主意，行是知的功夫，知是行之始，行是知之成"。它是一个东西，你"知"了就"行"了，"行"本身就是"知"的一个升华，所以阳明心学本身包含了"修"，只是他的表述没有把"修"凸显出来。而后世流传下来就缺了这一块，我们通常觉得"知"和"行"是两个东西，可能是"知"得多"行"得少，或者"知"而不"行"，例如早上要早起做一件事，前一天晚上想得非常清楚，但是第二天早上就起不来，知道做不到。因为仅仅从"知"进去，或者从"行"进去，很难做到相合。所以曾庆宁先生提出：我们在学习阳明心学的时候，需要补修，需要将"知行合一"变成"知修行合一"，而"修"的这个过程就是超越自己的一个过程。在"修"的过程中，首先需要修的就是我们自己的"心身相合，内外相合"。这个过程中可以说既要对抗人的天性，又要顺应人的天性。

《认知觉醒》这本书中有一段关于人类大脑构成的描述，人类的大脑可以分成三个：第一个是本能脑，源于爬行动物时代，主管本能，大约有3.6万亿年历史；第二个是情绪脑，源于哺乳动物时代，主管情绪，大约有2亿年历史；第三个就是理智脑，源于灵长动物时代，主管认知，大约有250万年历史（如图2-2所示）。理智脑是我们人类独有的，它使我们富有远见、善于权衡，能立足未来获得延时满足。但是我们不必沾沾自喜，高兴得太早，因为理智脑虽然高级，但比起本能脑和情绪脑，它的力量实在太弱小了。如果本能脑有100岁，情绪脑则只有55岁，理智脑则不满1岁。我们生活中做的大部分决策往往源于本能和情绪，而非理智。本能脑与情绪脑一直被生存压力塑造着，所以因为它们的天性自然形成了目光短浅、及时满足的特点。因此，避难趋易和急于求成是人的天性，这让人类进入"明明知道，但是做不到；特别想要，但就是得不到"的怪圈。例如，明明知道读书重要，但转身却掏出手机玩；明知道跑步有益，但跑两天就没下文了；明知道要事优先，却成天围绕琐事、急事打转等。其实理智脑很少有主见，大多数时候我们以为自己在思考，其实都是在对自身的行为和欲望进行合理化，进行"自我解释"。

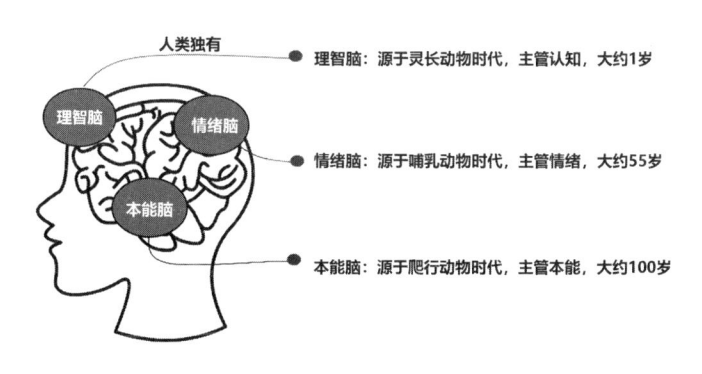

图 2-2　人类大脑的构成

为什么很多人很努力，却看不到成长？

因为他们只享受努力的状态，却少有产出作品的意识。只记耕耘，不记收获，是很难有结果的。

顶级的成长是"凭感觉"，把理性思考表述为意识，把感性思考表述为潜意识。弗洛伊德认为，潜意识是"危险地带"，里面蕴藏着邪恶，它会让人遵从原始欲望回到野蛮状态；但心理学家荣格认为潜意识是智慧的，它包含了很多理性无法涉及东西，甚至包含了人类集体智慧。潜意识没有思维，只关心眼前的事物，喜欢即刻、确定、简单、舒适，这属于天性的部分，但是它处理信息速度极快，至少可达 11000000 次/秒。而我们的意识，即我们的理性思考，处理信息的速度只有 40 次/秒，两者的能力有着天壤之别。

因此，真北领导者在发展领导力时，需要加强对理智脑的训练，让理智脑变强，足以克服天性，立足长远，主动走出舒适圈，不断地自我觉察和自我超越。为潜在的风险克制自己，为可能的收益延时满足，保持耐心，坚持做那些短期看不到效果的"无用之事"，抵制诱惑，面对舒适和娱乐时，做出与其他人不同的选择。但需要提醒的是，让理智脑变强，并不是要抹杀本能脑和情绪脑，事实上也抹杀不了，它们三位一体，缺一不可。因为本能脑拥有强大的运算能力，情绪脑拥有强大的行动能力，都是不可多得的宝贵资源，只要深入了解、循序渐进，就能为己所用。理智脑不是直接干活的，干活的是本能脑和情绪脑，因为它们的"力量"强，上天赋予理智脑智慧，是让它驱动本能和情绪，而不是直接取代它们。本能脑和情绪脑确实畏惧困难、只会享乐，但谁说它们不能从困难的事情中感受到乐趣呢？所以，想办法让本能脑和情绪脑感受到困难事物的乐趣并上瘾，这才是理智脑最高级的策略。学会释放本能脑和情绪脑的强大力量，我们就会无往不胜！

自我觉察是发展领导力的起点，但是不发生真正改变或超越自己的觉察可以说是"无效觉察"。觉察到 100 个点都不如改变 1 个点，领导力的发展不在于自己觉察到多少行为模式或认知方式，而在于自己改变了多少。因此，真北领导者需要将"向内探索和向外用世"双向结合。一方面，不断地问心和反思，在认知上觉醒；另一方面，不断地在工作生活的具体事情上修炼和复盘，不断地提高技能，最后形成认识与能力双螺旋上升，实现自我超越。

原则四：场域与进化

构建不同层次的场域，帮助领导者及其团队共同进化。

在面对领导者时，我们对他们怀有热切的期待，期待他们能带领团队实现特定的成果，期待他们在日常做事时，能干、处事公道、恪守承诺、敬业、认真倾听、采纳建议、指明方向、诠释意义、鼓舞人心等。为了实现这些期待，我们还期待他们日新又新、持续不断地进行自我认知和专业水平提升，以便成为最高效的领导者。

所以前文提出真北领导者需要不断地自我觉察和自我超越，以提升领导效能。但是我们必须认识到，领导效能不只局限在个人效能。因为推动业务绩效、实现组织使命和目标必须依靠集体领导效能。领导团队必须有意识地、不遗余力地提高团队成员参与集体领导的质量，让他们紧密地团结在一起，从而创造共同使命、方向和切实可行的战略。当前大部分组织都重视领导力开发，但是将焦点放在个人领导效能提升的维度，对集体领导效能的巨大潜力重视程度不够。

《孕育青色领导力》这本书的作者通过实证研究得出：组织能否达到优异的绩效目标，取决于领导体系中集体领导效能的水平和一致程度。能够给组织带来高绩效的不仅仅是个人领导效能，对于卓越的绩效表现，个人效能是必要但不充分条件，个人领导效能可以促进集体效能，但最终发挥决定作用的是集体效能。任何一个组织的绩效表现都不可能超越组织中的集体领导效能水平。作者还提出一个领导力商数的计算公式（LQ=LE/LI，领导力商数 = 领导力的有效程度 / 领导力的无效程度）。通过领导力商数值来测量当前的领导效能。当得分为 1 的时候，意味着领导效能不好也不坏。领导力商数越高，领导效能就越好，这将成为企业竞争的优势。领导力商数越低时，领导效能就越差，这可能成为企业发展的劣势。例如在那些挣扎求生或彻底失败的初创企业里普遍存在着集体领导力缺失的问题，集体领导力商数小于1.0，他们往往缺乏战略执行能力或效力，想要推动业务转型更是无从谈起。

简言之，能在愿景、方向和关键战略上达成一致，以及在执行变革的过程中相互协同是领导团队获得成功的关键因素。而要做到这些又仰仗领导者互动和沟通的质量，以及团队成员彼此之间能否开诚布公、相互信任，这就是所谓的"领导力对话"。可以说领导力对话的质量决定了集体领导效能，集体领导效能决定了集体智慧，集体智慧决定了经营业绩。对集体领导效能的开发，以及促进领导力精进，是领导体系中的一项高杠杆投资。共同学习是提升集体效能通常采用的方式。但参与其中的高层领导者会小心维护自己的形象，害怕丢脸，这会阻碍集体效能的提升。对自己的定位，以及对我们如何走到今天的成功的认识，构成了我们的操作系统，这是很难轻易发生改变的。变化常常令人恐慌，但是世上没有通往伟大的捷径，唯一的办法是奋勇举步前行。

在真北领导者培养过程中，我们非常重视团队成员之间的信任关系、共同目标和协作能力。我们需要构建一个场域，帮助领导者提高安全感，让他们愿意"打开"和"放下"，助力领导者个人及其团队集体进化。而进化的方向和内容，不仅仅是能力，还包括认知和心智。想要实现领导集体在能力和心智方面的进化，可借用《U型理论》一书中的方法，构建一个场域，带领团队共同启动、共同感知、共同自然流现、共同创造、共同进化（如图2-3所示）。

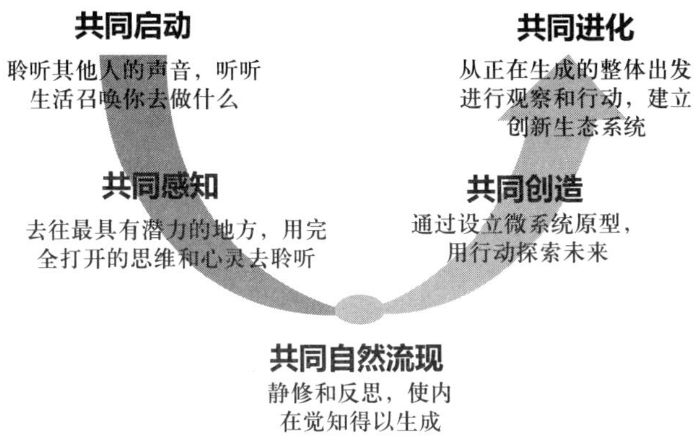

共同启动
聆听其他人的声音，听听
生活召唤你去做什么

共同进化
从正在生成的整体出发
进行观察和行动，建立
创新生态系统

共同感知
去往最具有潜力的地方，用完
全打开的思维和心灵去聆听

共同创造
通过设立微系统原型，
用行动探索未来

共同自然流现
静修和反思，使内
在觉知得以生成

图 2-3　U 型理论的 5 项运动

- **共同启动**：聆听生命的召唤，联结与这种召唤有关的人和事物，组成一个核心团队，启发共同愿景。
- **共同感知**：去往最具潜力的地方，观察、观察、再观察，用完全打开的思维和心灵去聆听。
- **共同自然流现**：去往能让个人和集体沉静的地方，敞开胸怀感受更深层次的觉知源头，联结到正在生成的未来。
- **共同创造**：通过设立微系统原型，为正在生成的未来落地做好准备，用行动探索未来。
- **共同进化**：携手建造一个大型创新生态系统，让人们通过整体来观察和行动，创造跨界联结的空间。

《U 型理论》这本书没有强调个人领导力，而是描述我们每个人在组织集体中的领导力，所有人都会影响变革，无关乎其正式的职位或头衔。21 世纪的领导力意味着在所有层级上改变我们集体关注力（聆听力）的结构，需要我们把注意力从个体（微观）和团体互动（中观）扩展到机构（宏观）和全球（世界）体系的层面。对我们整个人类来说，当今世界真正的战争并不是各种文明或文化之间的战争，而是各种未来进化的可能性之间的战争。重大抉择是关于我们是谁、我们想成为谁，以及我们想把这个朝夕相伴的世界带向何方。所以真正的问题是：我们在这里是为了什么？过去的领导方式正在消弭，我们必须探索一种更加深刻和实用的方式，同时在个人和集体的层次上整合头脑、心灵和双手，整合打开思维、打开心灵和打开意志这三种智慧。

儒家心法传人曾庆宁先生在2019年提出了"修身型组织"的概念，给企业管理提出一个新的创新和改进方向。修身型组织是在工作型组织和学习型组织的基础上形成的，具备工作、学习、修身三种功能，并有利于个人、组织和社会的良性发展。打造修身型组织的关键在于提高个人和组织的生机。修身型组织的特点，一是把个人的需求与组织的使命融为一体，二是把组织行为与社会责任融为一体。那么如何打造修身型组织呢？他提出从"物场、气场、心场"三个维度入手，通过不同层次的场域构建，帮助组织共同进化（如图2-4所示）。

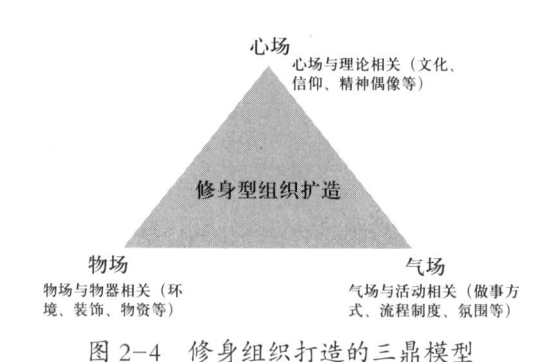

图2-4 修身组织打造的三鼎模型

无论是西方的U型理论，还是中国儒家的修身型组织，都强调场域打造和集体进化。如何打造不同层次的场域？我们在培养真北领导力的过程中，也设计了多种方式。本书后面章节会讲述如何帮助团队和组织构建一个开放、安全的场域，帮助领导者及其团队共同进化，期待领导集体形成共同意志，找到共同目标，共同努力，最终实现宏图大志。

原则五：聪明与健康

领导力发展需要"聪明"的技能，更需要"健康"的方法。

在第一章我们提到了横向领导力和纵向领导力的概念，众多学者也研究和验证了两类领导力对领导者效能的重大作用，从某种程度上来说，纵向领导力的影响会更加深远。《孕育青色领导力》一书中提出"能力只占半壁江山"，单凭能力是不能形成高效领导力的。虽然目前业界对领导效能的培养还是着重于提升领导者的能力，提升能力虽然重要，但远远不够，因为我们一直同时在玩两种游戏：外在的和内在的。外在的领导力游戏包括运用我们所有的知识和经验，以及沿用技术性和管理性的领导能力来取得成果。由于应付外在游戏的消耗非常大，因此大多数领导者理所当然地将大部分时间花在外在游戏上，打磨自己的能力，以便能够高效、娴熟、高质量地思考和应对工作中的不同情景，这是管理和领导工作取得成效的基本要求。领导力的内在游戏，即领导者的内在操作系统，包括驱动领导者的是什么、他们如何定义自己、看重什么以及相信什么等问题。领导角色承担着巨大压力，所以我们可能认为只存在外在游戏；然而它不过是冰山露出水面的部分，真正影响和驱动外在游戏效能的是正在水面下发生的事情，即内在游戏。领导的有效性既源于外在游戏的熟练度，也取决于内在游戏的成熟度，二者相辅相成、缺一不可。一位领导者外显的十八般武艺，借由其深厚的内功施展出来，让内在游戏驱动外在游戏，这样的领导者才能成为领导力方面的大师。对于组织来说亦是如此，组织不仅需要娴熟的能力，还需要成熟的集体操作系统。组织必须拥有高度进化的个人和集体操作系统，才能在当今复杂的世界中蓬勃发展。可惜很少有领导者懂得如何萃取集体才智和系统智慧，进而在不断升级的复杂性中找到杠杆点。

《优势：组织健康胜于一切》一书的作者兰西奥尼提出"组织的健康胜于一切"。他认为任何想最大化其成功的组织必备两个基本素质：一是聪明，二是健康。具体如表2-1所示。

表2-1 成功组织的两个条件

组织聪明的部分	组织健康的部分
• 战略 • 营销 • 财务 • 技术	• 最少的办公室政治 • 最少的混乱 • 高涨的士气 • 高效率 • 优秀员工的低流失率

聪明的组织擅长那些经典的基础业务，如战略、营销、财务和技术，目的是帮助客户更明智、更好地做决策。在这个行业但凡有一点经验的人，都不会否认这些追求对一个组织成功的重要性，而且他们也不应该否认。但是聪明仅仅是等式的一半，但不知何故，它几乎占据了大部分领导者的所有时间、精力和注意力，而等式的另一半——健康，往往被忽视。当你跟领导者谈一个公司需要具备健康公司的特质时，他们会非常认同，且不会把这看作软弱或过于煽情的东西，而是很快能认识到缺乏健康与整体业绩之间的联系。但留心观察就会发现，这些领导者回到工作岗位后，也往往会偏向等式的另一边——聪明，在营销、战略和财务等方面做出调整。兰西奥尼曾经借用《光线更好》这个喜剧小品中的片段来形象地比喻我们对组织健康的忽视。

瑞奇，露西的丈夫，一天他下班回来，看到妻子正在客厅的地板上爬来爬去。他问她在做什么。

"我在找耳环",露西回答。瑞奇问她:"是在客厅里丢的吗?"

她摇摇头说:"不是,是在卧室里丢的,但这里光线更好。"

这就是答案!

大多数领导者喜欢在"光线更好"的地方找答案,因为他们在那里感觉更舒适。可衡量、客观、数据驱动的组织"聪明世界的光线"当然要比更难处理、更不可预测的组织"健康世界的光线"要好。很多高管喜欢研究战略、甘特图、财务报表等,这是他们感到舒适的地方,是相对安全和可预测的。即使他们承认办公室政治和混乱让他们的组织苦不堪言,但是他们仍然愿意在聪明部分进行调整和改善。聪明很重要,它是一个许可证,是实现成功的一个最低标准。但是它不足以带来有意义、可持续的长期竞争优势。成功的企业与平庸或不成功的企业的差异,与它们拥有的知识或聪明程度关系不大,而与企业的健康程度直接相关。这并不是说聪明不重要,它当然非常重要。但是如果非要在组织聪明和健康这两个特质中选择其一,健康显然是第一位的。

尽管很多学者和企业家很早就提出"纵向领导力""内在游戏""健康组织的方法"等概念,呼吁大家重视个人和组织的内在操作系统,可现实仍然是大家更偏向于"横向领导力""外在游戏""聪明组织的技能"。随着外部不确定性越来越高,领导者们将会面对更多复杂的、混沌的局面,不断增加的调适性挑战、多重冗余极性问题和一般问题,加上领导力开发杠杆点不明显的复杂性系统,各种因素相互交杂,领导者的当务之急就是:领导效能的成长必须至少跟加剧增长的变化和复杂性保持同步。领导者如果跟不上复杂性的增长速度,其领导成效将会日减并失去与世界的同步联结,领导力就会缺位,出现一个竞争劣势。高管团队在致力于打造整个领导体系时,需要将自身的成长作为首要战略任务,因为组织的整体表现不可能超越领导团队的意识水平。集体效能是集体才智的基础，随着集体才智的出现，集体智慧才会成为可能。只有领导们完成了他们的内在的修养功课，才能形成足以扭转乾坤的集体领导力。其中最不可或缺的是深层次的心智转变。

因此真北领导者在发展领导力时，不能只顾发展领导能力和技能。因为如果一位领导者的认知不改变，学习再多的技能和知识，也很难改变行为。发展真北领导力需要将纵向领导力和横向领导力融合发展，应该先从纵向领导力开始，领导者通过自我觉察，提升自我认知，形成对自己、对环境的新视角，寻找自己的盲区，发现自己的行为和价值观假设中可能存在的限制性信念，看见自己潜意识中可能存在的阴影，找到心智进化的可能方向。然后再结合横向领导力的发展，学习和锻炼相关的知识技能，通过进化内在操作系统驱动外在行为方式的改变。如果我们重视横向领导力发展，忽略纵向领导力，那么就容易出现焦虑、繁忙，学了很多内容，但是对改善现状作用越来越小的情况。有时候甚至会觉得学习没有用处，失去兴趣或信心，不愿意再进行学习。如果我们重视纵向领导力，不重视横向领导力，就容易出现领导者知道很多道理，但是做不好事情或拿不到想要的成果，表现出能力平庸的现状。

真北领导者一定要更加紧密地将这两者融合，既要学习聪明的技能，也要学习健康的方法，发展整体领导力。所以真北领导者们需要将文法、心法和行法都打通，最终成为一位"内圣外王"的领导者，成为一位内在深刻、外在精彩的领导者。

本章小结

[1] 原则一：内外合一，构建中道整体观。

［2］原则二：最有效的领导力就是做自己，是展现出真诚。

［3］原则三：自我觉察是发展领导力的起点，但超越自己才是发展领导力的目的，因此既要顺应天性，又要超越天性。

［4］原则四：构建不同层次的场域，帮助领导者及其团队共同进化。

［5］原则五：领导力发展需要聪明的技能，更需要健康的方法。

第三章 真北领导力的发展模型

真北领导力是一个宏大系统，也是一个充满理想主义的系统，它想要激发所有人或者更多人找到自己的使命和人生意义，并将个人使命与组织使命联结，共同进化，这是非常不容易的事情。但它给出了一个进化发展的方向，即我们可以基于不同的工作场景，从不同层次去分解和提升，向着最美好的境界靠近。真北领导力至少可以从个人、团队、组织三个层面去解构，探索出三个层次发展的原动力，形成"个人真北""团队真北""组织真北"三鼎解决方案（如图3-1所示），最终能够释放领导者的个人势能，提升组织的效能，实现个人与组织的共同使命。最重要的是，这个过程中充满幸福！

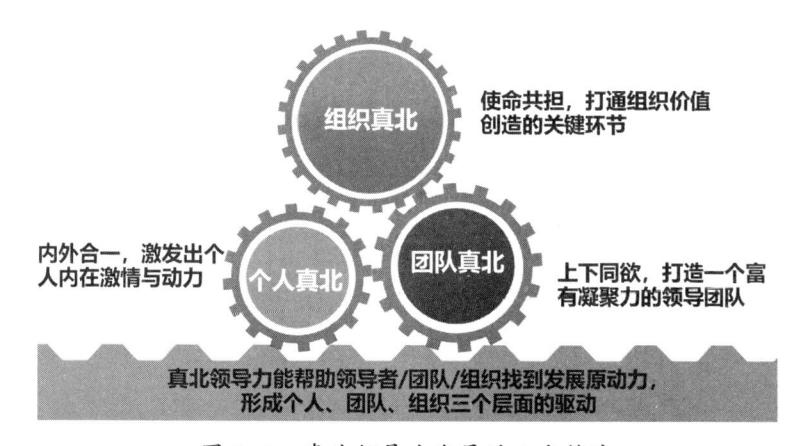

图 3-1 真北领导力发展的三个维度

"个人真北"侧重领导者自我发展，帮助领导者"明明德"，成为一个内外合一的人，激发出个人的内在激情与动力；"团队真北"侧重领导者"亲民"，带领团队发展，努力打造一个上下同欲，富有凝聚力的领导团队；"组织真北"侧重领导者"止于至善"，构建创造价值的组织，提升商业运作能力，打通组织价值创造的关键环节。基于这三个维度，我们创建了真北领导力发展模型（如图3-2所示）。

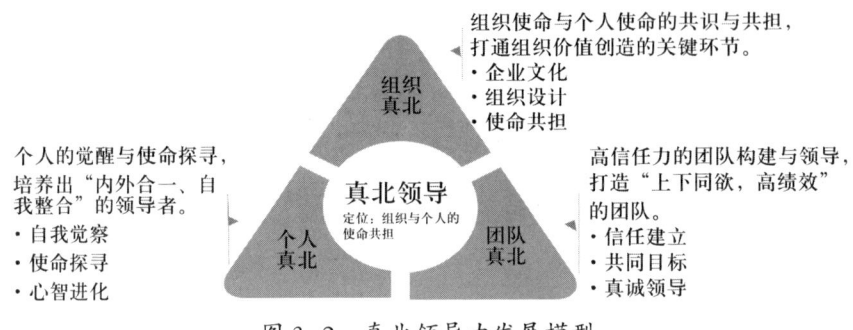

图3-2 真北领导力发展模型

个人真北领导力：内外合一，自我整合的领导者

肯·威尔伯说："成为一位领导者和成为一位高度整合的人是一样的。"曾子《大学》中说领导者要以修身为本，要诚意正心，"自天子以至于庶人，壹是皆以修身为本，其本乱而末治者，否矣"；"所谓诚其意者，毋自欺也。如恶恶臭，如好好色，此之谓自谦，故君子必慎其独也"。诚意首先就是要做到不自欺，对自己真诚，其次就是对他人诚意，不欺人。而诚意的关键是慎独，即无论是否有人在，自己的行为都一致。这是非常简单的道理，但是很难做到。中国古代有一个非常有名的故事——《杨震四知》。杨震，字伯起，弘农华阴（今陕西省华阴市）人，东汉经学家。杨震教过书，教书的时候学生很多，教出了不少人才，被人称为"关西夫子"。50岁

时他被推荐当官，先后在地方和朝廷任职，官至太尉。他以"清白吏"为座右铭，为官清廉，办事公正，赢得世人的称赞。杨震52岁的时候，从荆州赴东莱郡（原山东省掖县，今山东省莱州市）当太守，途中路过昌邑县，县令王密是杨震任荆州刺史时举茂才提拔起来的官员。王密为报答杨震的知遇之恩，夜里怀揣十斤金子前去拜见。杨震见状对他说："我了解你，你却不了解我，为什么会这样？"王密回答："暮夜无知者。"杨震正色道："天知，神知，我知，子知。何谓无知！"上天知道，神明知道，我知道，你知道。怎么能说没人知道！说得王密拿着金子羞愧离去。这就是中国历史上有名的"四知"典故，杨震也是后世推崇的慎独的典型代表。

因此发展个人真北领导力的关键是诚意，是内外合一、自我整合，侧重于领导者的向内发展，目的是帮助领导者成为内外合一的个人，找到人生目标与意义，明确自己的核心价值观，激发出个人的内在激情与动力，进而带着热情与热爱进行领导工作。修己才能安人，发展真北领导力，首先要从个人开始。在个人真北领导力这个维度，主要是探寻自我和发展自我，从"自我觉察、使命探寻、心智进化"三个维度进行。自我觉察是发展领导力的起点，首先我们需要对自我进行深度分析和觉察，明确自己的特点、优势、劣势以及潜意识中可能存在的卡点；然后结合当前本人所处的真实环境，包括当前的个人状态、家庭状态、工作状态、人生发展阶段以及组织的发展阶段和要求，找到内在动机和信念，明确人生的目标和意义，找到个人使命。接下来基于自己的使命和目标，通过一系列的训练和修身练习，突破认知的局限，进化自我的心智，实现自我超越的螺旋式上升。

团队真北领导力：上下同欲，高绩效的团队

利己而后利人，达己而后达人。真北领导者在发展了个人真北领导力

后，接下来就需要发展打造团队的能力，要能够激发团队原动力，要能打造一个上下同欲，富有凝聚力的领导团队。首先要帮助团队中的成员发展他们的个人真北领导力，帮助他们找到自己的人生目标与意义，找到自己在工作中的原动力。然后引导组织成员深度融合，在每个人自己的使命和意义的基础上，看到团队共同的目标和使命，加深信任，形成高效协同的团队。

在团队真北领导力层面，我们侧重帮助领导者发展共同目标、信任关系、真诚领导力三个方面，首先帮助领导者认识到信任关系的重要性以及如何构建一个信任型团队，然后在信任型团队的基础上提炼出共同目标；最后使用真诚的领导方式，带领团队实现目标。

组织真北领导力：使命共担，创造价值的组织

能够为客户创造价值是一个组织存在的根本原因。真北领导者无论是修己还是安人，最终期望都是创造一个高效能的组织，带领团队实现组织目的和目标。为了帮助组织找到创造价值的原动力，真北领导者需要重点发展三个维度的能力：企业文化、组织设计、使命共担。目的是构建组织能力，提升组织效能，提升商业运作能力，打通组织价值创造的关键环节。而这一切的前提是以客户为中心，且企业找到了一个基于长期主义的使命愿景并在践行着。

本章小结

[1] 真北领导力发展的三个维度：个人真北、团队真北、组织真北。

[2] 个人真北领导力：个人的觉醒与使命探寻，培养出"内外合一、

自我整合"的领导者，主要包括自我觉察、使命探寻、心智进化。

［3］团队真北领导力：构建信任型的团队，在此基础上打造"上下同欲，高绩效"的团队，主要包括：信任建立、共同目标、真诚领导。

［4］组织真北领导力：组织使命与个人使命的共识与共担，打通组织价值创造的关键环节，主要包括：企业文化、组织设计、使命共担。

第二部分
个人真北领导力篇

《诗》云:"瞻彼淇澳,菉竹猗猗。有匪君子,如切如磋,如琢如磨。瑟兮僩兮,赫兮喧兮。有匪君子,终不可喧兮。""如切如磋"者,道学也;"如琢如磨"者,自修也;"瑟兮僩兮"者,恂栗也;"赫兮喧兮"者,威仪也;"有匪君子,终不可喧兮"者,道盛德至善,民之不能忘也。《诗》云:"於戏!前王不忘。"君子贤其贤而亲其亲,小人乐其乐而利其利,此以没世不忘也。

——《大学》

第四章 自我觉察：看见真实的自己

对领导者的培养有非常多的方法，例如基于特质的、基于情景的、基于教练技术的、基于性格的、基于全脑的等，每个维度都有很多的著述和研究，也有不少学者和实践家提出了一些必备素质让领导者们学习。但是我们认为这种做法与"真北领导力"背道而驰，只不过是学习或模仿一些领导素质或领导行为，是在"学习扮演"一个领导者。如果你只是模仿这些书籍或课程中提到的领导素质，那么注定要失败。所以我们经常听到周围人说"领导力是学不会的""领导力培训课程是没用的"。

本书在第二章真北领导力发展原则中提到，最有效的领导力是做自己，是展现出真诚。哈佛教授比尔·乔治也曾经描述："领导力的全部即是真诚，就是做你自己，顺着你自己的道路发展。"为什么呢？因为最出色的领导者往往都是独立自主的，太过于迎合他人意愿，可能会加强各方利益的冲突。面对各方的压力时，领导者需要独立自主，让自己成为自己世界的主构者，周边的人或物只是从构者，一切从我出发，才能把握主动性，才能构建自己的整体。因此，想要成为一名卓越的领导者，我们每个人都应该发掘自己，挖掘与自身品格和性格特点相一致的领导风格。当我们为了迎合外界而屈从于一种与本身不相符的模式时，就永远也成不了一名称职的领导。尽管我们可能生来具有领导者的潜力，但每个人都必须在自我成长的路上不断历练，在实践中才能成长为优秀的领导者。成为真北领导者的关键不在终点，而在其过程本身——一个找到真实自我及人生目标的过程，一个向着人生目标努力的过程。

我是谁？

这是一个简单的问题，也是一个哲学问题，好像无从回答，也好像有很多答案。我们在培训项目中，经常会发起一个二人对话练习，关于"你是谁"，其中一个人发问，另外一个人回答，有时可以连续追问四五十次。或者让领导者们完成一道填空题，写出50个关于"我是＿＿＿＿"的答案。此刻我们就会发现一个有趣的现象，刚开始的时候，大家还抱着游戏的心态，觉得这个题目太简单，甚至有点弱智，这不是很容易就能说出或者写出的答案吗？可是越到后面，领导者们越严肃和认真，发现这是一道很难的题目，因为自己已经找不到一个新的、适合的答案再来回答这个问题。

"你是谁？" "我是李晓晓。"

"你是谁？" "我是李雷和韩梅梅的孩子。"

"你是谁？" "我是张三的丈夫/妻子。"

"你是谁？" "我是张小明的爸爸/妈妈。"

"你是谁？" "我是广东省深圳市的人。"

"你是谁？" "我是某所大学的学生。"

"你是谁？" "我是一家培训创业公司的人。"

"你是谁？" "我是从事咨询与培训工作的人。"

"你是谁？" "我是一个喜欢留长发的人。"

"你是谁？" "我是一个皮肤很黑的人。"

"你是谁？" "我是一个喜欢打篮球的人。"

"你是谁？" "我是一个乐观/悲观的人。"

"你是谁?" "我是一个想要自由的人。"

"你是谁?" "我是一个从小被爱的人。"

"你是谁?" "我是一个看起来乐观,其实很悲观的人。"

"你是谁?" "我是一个看不惯欺负弱小的人。"

"你是谁?" "我是一个想帮助别人的人"。

……

从这些练习中,我们发现随着提问次数的增加,回答者的思考不断深入,从"基因上的我""关系中的我""生理上的我""地理上的我""群体中的我""感受中的我""期望中的我"等,逐渐看见自己对自己的定位、认知、需求。

自我理论

西方心理学家威廉·詹姆士在1890年就提出自我包括"物质的我、社会的我和精神的我"。物质的我(也叫生理的我)是个体对自己的躯体和外界世界中属于自己的那一部分物质所有物的反映。社会的我是个人对自己被他人或群体所关注的反映。精神的我(又叫心理的我)是个体对自己心理活动的觉察,是自我的核心。领导者在上述练习中给出的答案,基本上都可以用这三个维度进行概括,因此当领导者们需要对自己分析时,可以参考这三个维度去分析(如图4-1所示)。

图 4-1 自我理论(威廉·詹姆士)

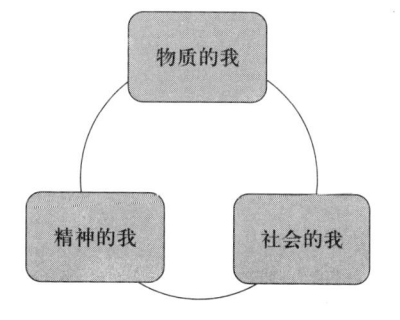

人格理论

西方心理学家弗洛伊德的人格理论给出了"我"的三个层次，即"本我""自我""超我"（如图 4-2 所示）。"本我"是指先天的本能、欲望所组成的能量系统，包含生存所需的基本欲望、冲动和生命，它按快乐原则行事，不理会社会道德、外在的行为规范，它唯一的要求是获得快乐，避免痛苦，"本我"的目标乃是求得个体的舒适、生存及繁殖，它是无意识的，不被个体所觉察。"自我"是人的理性部分，位于人格结构的中间层，它一方面调节着"本我"，一方面又受制于"超我"，遵循现实原则，是个体最终行为表现的决策者，时而管理"本我"，时而服从"超我"。"超我"是由社会规范、伦理道德、价值观念内化而来的，其追求完善的境界。一个形象的比喻是"本我"为人提供驱动力，"自我"为人提供控制力，"超我"为人提供指导力。

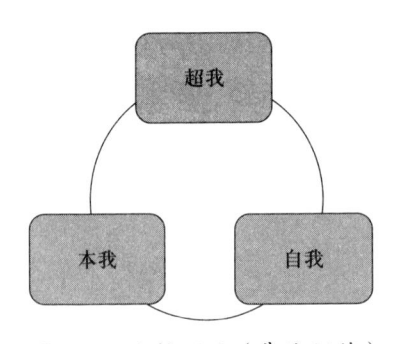

图 4-2　人格理论（弗洛伊德）

人生五家理论

中国儒家心法传承人曾庆宁先生提出：人的一生都需要找到五个家，来构建每个人的整体，即"本家、自家、我家、大家、天下一家"（如图 4-3 所示）。"本家"是指精神之家，对应人的心和意，属于意识范畴，强调一个人的心中感受能够与意识结合，构建心意整体；"自家"是指身体之家，对应人的心与身体，属于生理范畴，强调一个人的心中感受能够与身体结合，构成心身整体；"我家"是指家庭之家，对应有血缘联系的家庭，强调人能够与和自己有血缘关系的家庭结合，构成人家整体；"大家"是指社会大家庭，包括朋友、社团、企业组织和国家，它对应人与群的关系，构成人群整体；"天下之家"是指世间万物，包括不同国家、不同种族的人，还包括天地万物，它对应的是人与天下的关系，强调更大的人际关系以及人与自然的关系，构成人天整体。这也是儒家推崇的"诚意、正心、修身、齐家、治国、平天下"的延伸。通过对人生五家的分析，领导者们可以在不同层次看见自己的需求、动机、情绪、能力等，从而不断扩大范围去觉察自己、分析自己、定义自己。

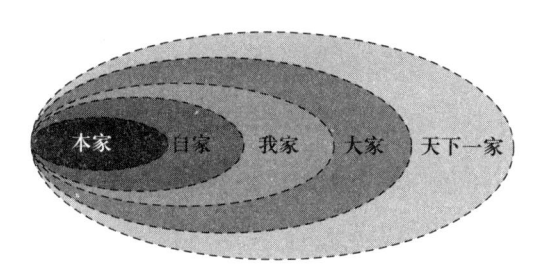

图 4-3 人生五家理论

立体的自我认知：自我觉察三环模型

本书不针对心理学或哲学的学术问题展开讨论，更多的是应用科研成果指导领导者们进行自我分析和认知，重点关注他们如何看待自己日常的行为、脑海中的念头以及内心的渴望。真北领导者要发展领导力，首先需要回答"我是谁"这个问题。《U型理论》一书中，作者奥托·夏莫强调找到"一个自然流现的状态"，然后再去思考"我是谁"。可是如何去找到"我是谁""我想要成为谁"的答案？纵观中西方的多种方法，当前更受欢迎的还是身心灵派，类似禅修、冥想、正念、静坐等方法，主张通过不断的内观和自我对话，在诚意正心的基础上，去看见真实的自己。我们人类都是社会人，通过一系列的关系与这个世界互动，所以在思考"我是谁"时，我们更多是从关系上看，这个关系包括我与自己的关系、我与家人的关系、我与同事的关系、我与国家的关系、我与世界的关系、我与世间万物的关系。因此在思考"我是谁"的过程中，领导者们需要一个框架或方向参考，以便知道该如何去看见真实的自己。基于理论研究和培训实践，我们总结出一个三环模型，从12个维度帮助领导者进行自我分析，去看见相对真实、相对全面的自我（如图4-4所示）。

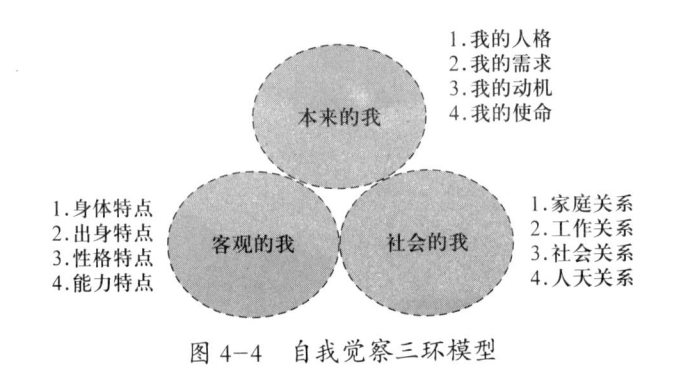

图4-4 自我觉察三环模型

本来的我
1. 我的人格
2. 我的需求
3. 我的动机
4. 我的使命

客观的我
1. 身体特点
2. 出身特点
3. 性格特点
4. 能力特点

社会的我
1. 家庭关系
2. 工作关系
3. 社会关系
4. 人天关系

第一维度：客观的我。客观的我主要分析我这个客体的事实特点和现状，包括身体特点、出身特点、性格特点、能力特点，这些维度尽量不包括主观评价，而是客观描述自己的特点。身体特点是指生理上的自己，例如身高、体重、健康程度、智力水平等；出身特点是指一个人出生的地理位置和成长过程及经历，不同地域出生或生长的人特点不同；性格特点是指自己对外展示的最自然状态下的行为模式，例如有些人外向，有些人内敛，有些人急躁，有些人大胆等，可借助一些性格分析测评工具来分析和识别；能力特点是指自己擅长或不擅长的事情，例如有人擅长画画、有人擅长手工、有人擅长跑步、有人擅长演讲、有人擅长分析或研究等，这里重点强调自己擅长的事物。

第二维度：社会的我。社会中的我主要涉及我与这个世界的不同关系，包括家庭关系、工作关系、社会关系、人天关系。家庭关系是指由血缘关系或婚姻关系连结的家庭，包括父母子女、祖辈、亲戚等；工作关系涉及社会大家庭，包括朋友、社团、企业组织和国家等；人天关系是指人与世间万物的关系，例如有些人会更看重自然界某些物种或事物，有人会特别关注绿化、空气污染、濒危动物保护等，将自己与自然联结在一起。

第三维度：本来的我。本来的我主要是回归自己的精神层面，侧重个人的意识活动，包括我的人格、我的需求、我的动机、我的使命。我的人格侧重于我的价值观选择和排序；我的需求侧重于我的物质上或精神上的需要，是一个有形反映或承载；我的动机是冰山下更深层的分析，是自己那些需求的动力来源；我的使命，也就是我们的人生目标，是我们终其一生寻找的人生意义，也是人的最高追求。

自我觉察常见的五种方法

借鉴自我觉察三环模型，领导者们可以进行自我分析，但是如何才能找到每个维度更精准的答案呢？特别是那些关于精神层面和意识活动问题的答案，领导者们还可以借鉴以下方法（如图 4-5 所示）。

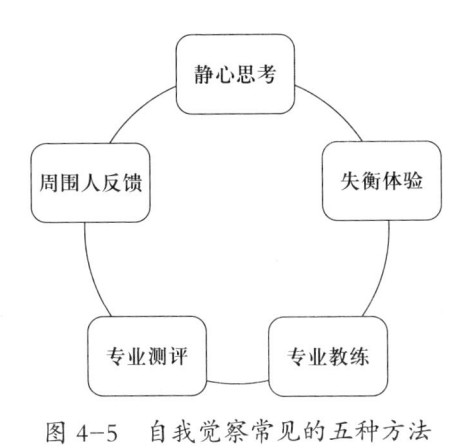

图 4-5 自我觉察常见的五种方法

第一种方法是在静心思考中探索。通过长期的训练和实践，帮助自己保持专注，提升心力，然后进行自我深度对话。例如儒门正坐、禅修、冥想、正念、静坐等，这类方法比较适合用于探寻"我的需求、我的动机、我的人生目标、人天关系"等维度的答案。

第二种方法是在失衡体验中探索。领导者可以通过抽离现在的生活状态，进入一个陌生环境中，在外部不确定的状态下，让自己处于一种失衡状态，无论是身体、情感、认知都会受到极大冲击，例如沙漠徒步、荒野登山、原始森林求生、极限挑战体验活动等，在失衡的体验过程中找到自己内心的坚守和需求。需要提醒的是，这类方式需要由专业老师带领和设计，一方面有利于保证人身安全，另一方面也能保证体验效果更佳。此方法比较适合用于探寻"性格特点、能力特点、工作关系、我的人格、我的需求"等维度的答案。

第三种方法是在专业教练指导下探索。借助自己信任的人或教练引导，主动去分析和探索自己。例如寻找专业导师进行一对一教练，也可以寻找自己信任的家人、朋友等，通过他们的真诚反馈和沟通，去探寻自己。这类方法比较适合用于探寻"身体特点、出身特点、能力特点、性格特点、家庭关系、工作关系、社会关系"等维度的答案。

第四种方法是借助专业测评工具探索。最近几十年业界发展出很多信度和效度还不错的测评工具，领导者们也可以借助这类专业工具去测评自己、深度认识自己，可利用性格测评、动机测评、特质测评等常见测评工具。这类方法适合用于探寻"能力特点、性格特点、工作关系、家庭关系、我的人格、我的动机"等维度的答案。

第五种方法是借助周围人反馈探索。在工作生活中，我们经常能听到周围人的反馈，包括家人、客户、同事、朋友等的反馈。领导者们可以主动去寻求反馈，通过别人的反馈去觉察自己平时意识不到的内容。这类方法适合用于探寻"身体特点、能力特点、性格特点、工作关系、社会关系、我的人格"等维度的答案。

以上方法各有特点和利弊，领导者们可综合使用，尽可能去接近那个真实的自我。不过有一点需要提醒真北领导者，探索自我是一个过程，有时候需要很长一段时间才能得到相对清晰的答案，所以我们需要一点耐心。

当领导者看清真实的自己后，就需要思考：到底该如何去度过自己的一生呢？

本章小结

［1］自我觉察三环模型：立体的自我认知。

- 第一维度：客观的我。客观的我主要分析我这个客体的事实特点和现状，包括身体特点、出身特点、性格特点、能力特点，这些维度尽量不包括主观评价，而是客观描述自己的特点。

- 第二维度：社会的我。社会中的我主要分析我与这个世界的关系，包括家庭关系、工作关系、社会关系、人天关系。

- 第三维度：本来的我。本来的我主要回归自己的精神层面，侧重个人的意识活动，包括我的人格、我的需求、我的动机、我的使命。

［2］自我觉察的常见方法。

- 在静心思考中探索

- 在失衡体验中探索

- 在专业教练指导下探索

- 借助专业测评工具探索

- 借助周围人反馈探索

《康诰》曰："克明德。"《大甲》曰："顾諟天之明命。"《帝典》曰："克明峻德。"皆自明也。

汤之《盘铭》曰："苟日新，日日新，又日新。"《康诰》曰："作新民。"《诗》云："周虽旧邦，其命惟新。"是故君子无所不用其极。

《诗》云："殷之未丧师，克配上帝。仪监于殷，峻命不易。"道得众则得国，失众则失国。是故君子先慎乎德。有德此有人，有人此有土，有土此有财，有财此有用。德者，本也；财者，末也。外本内末，争民施夺。是故财聚则民散，财散则民聚。是故言悖而出者，亦悖而入；货悖而入者，亦悖而出。

——《大学》

第五章　使命探寻：激发内在的热情

《认知觉醒》一书中描述过一个人的生活现象："一个人若是没有人生目标，纵然每天有吃、有喝、有书读、有班上，但是在很长一段时间，没有特别喜欢的东西或事物，感受不到生活乐趣，觉得工作生活很无聊或很没意思，不知道要做什么。虽然投入本职工作，但业余时间几乎被不动脑筋的事情占据；有空就找亲朋好友聚会，甚至时常喝醉；经常熬夜，从不主动看书、运动；打发时间的方式就是看搞笑视频、追剧、追综艺、看'八卦'新闻、玩游戏等；实在没事做，就裹起被子睡大觉……，这样'无忧无虑'的生活可能持续很久，最后还觉得自己很累，精力都不济。"

当我第一次看到这段话的时候，猛然惊醒，这不就是曾经的我吗？在我还没有找到自己人生目标时，我就是如上述所说的样子，日复一日地度过了很多年。后来在自己觉醒后才发现，找到人生目标是多么重要的事情。因为目标是存放热情和精力的地方，如果没有人生目标，我们将无处安放生命的热情与精力，像一个"醒着的睡着的人"。

那我们怎么才能找到自己的人生目标或人生使命呢？可以先来看看在中西方两种不同文化中大家对人生使命的描述。

修身为本：儒家的安身立命之说

《大学》中有一句话："自天子以至于庶人，壹是皆以修身为本。"这句话揭示了为什么每个人都需要修身。因为每个人都需要安身立命，而修身是安身立命之道。何谓安身立命？在中国传统文化中，知天命有三重含义：一是把握性命，这个"命"与人的心性相关。正如王阳明在《传习录》中所言："你萌时，这一知处，便是你的命根，当下即去消磨，便是立命功夫。"二是认知命运，这个"命"与人的天命相关。如《论语·尧曰》所言："不知命，无以为君子也。"三是确立生命，这个"命"与寿命相关。如《黄帝内经·素问》所言："夫人生于地，悬命于天。"由此可见，所谓安身立命是要把握性命、认知天命、确立生命，三者互相关联，循序上升。其中把握性命在内，认知天命在外，确立生命在中。因此，安身立命的过程是一个先内、后外、再中的过程，是一个从"小人"（指未修身、未觉醒之人）到"大人"（指修身后或觉醒后的人）、从"自然"到"自觉"、从"被动"到"主动"的过程。中国古人认为，自然为顺，自觉为逆。儒家有"顺则为人，逆则为君"之言，道家有"顺则成人，逆则成仙"之说。变顺为逆需要修，故儒家提倡修身，道家提倡修道，释家提倡修佛，三家之修，本质是安身立命。因此安身立命，一方面强调修身的重要性，将修身视为人最需要做的事情，即我们终其一生都应该不断提升自己；另一方面强调我们要结合性命和生机再去寻找人的天命，也就是我们常说的人生使命和人生目标。

为什么要强调这个观点呢？

因为我们观察到有些人会费尽心思去分析什么事情最值得做，当被问及人生目标时经常会听到类似这样的答案："变得很有钱""被别人崇拜""成为一个职位更高的人"。这样的目标不能说错，但往往不能长久，也无法给人真正的动力，因为这是理性思维权衡利弊或考量得失之后的结果，其动机往往来自外在评价，时间一长，很容易使人迷失方向，导致动力枯竭。想要找到自己的人生目标与动力，需要不断地认清自己。如果没有认清自己，就很容易去追求一些外部成功信号，而不是去成为一个自己真正想要成为的人。当你感觉自己受到威胁或被拒绝时，你很难控制自己的情绪或恐惧心理，也很难压制住自己内心的冲动。许多领导者，尤其是那些刚成为职场领导的人，总是在努力追求成就，结果没有时间认清自己，他们也不会想到要去认清自己。但随着年龄的增长，他们就会发现生活中缺少点什么，或者意识到有些东西正在阻碍自己前进，让他们无法过上自己想要的生活。

自上而下的人生规划：NLP逻辑层次模型

在前文论及"自我觉察"话题时，我们也提出探寻自己的需求、目标和使命。不过那是指初期的探寻或者基于现实状态的一个归纳和总结，目的是看见真实的自我。而真北领导者应该具有发展眼光，追求长期价值，所以更应该关注未来指引以及当下可做之事，上升一个层次，重新规划人生，寻找更加真实、更有生机、更加圆融的使命。这里介绍一个逻辑层次的思考模型，帮助我们自上而下地规划人生。

1976年，约翰·格林德和理查德·班德勒创建了一门新学问——神经语言程序学（Neuro-Linguistic Programming，NLP）。Neuro（N）指的是神经系统，包括大脑和思维过程；Linguistic（L）是指语言，更准确地来说，是指从感觉信号的输入到构成意思的过程；Programming（P）是指为产生某种后果而要执行的一套具体指令。NLP是指我们思维上及行为上的习惯，就如同电脑中的程式，可以通过更新软件而改变。NLP 也可以解释为研究我们的大脑如何工作的学问。知道大脑如何工作后，我们可以配合和提升它，从而使自己的人生更成功、更快乐。因此，把 NLP 译为"神经语言程式学"或"身心语法程式学"。后来他们的学生创立了 NLP 逻辑层次模型，可以用来帮助我们了解自己和提升自己。这个模型把人的思维和觉知分成六个层次，自下而上分别是：环境、行为、能力、信念/价值观、身份、精神/使命（如图 5-1 所示）。其中环境、行为和能力低三层是我们每天有意识接触到的，信念/价值观、身份和精神/使命高三层是我们的潜意识，它们决定了我们人生的苦乐成败，低三层是高三层在日常生活中的投射。

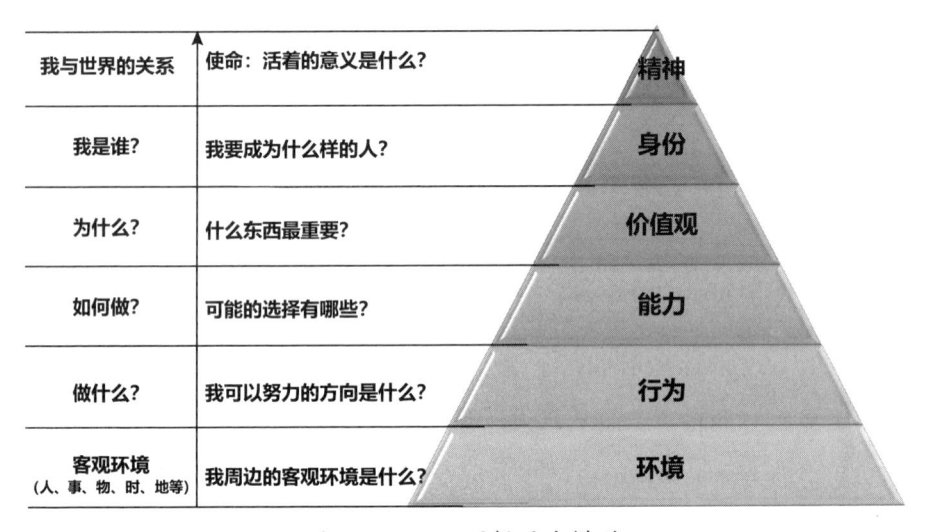

我与世界的关系	使命：活着的意义是什么？	精神
我是谁？	我要成为什么样的人？	身份
为什么？	什么东西最重要？	价值观
如何做？	可能的选择有哪些？	能力
做什么？	我可以努力的方向是什么？	行为
客观环境（人、事、物、时、地等）	我周边的客观环境是什么？	环境

图 5-1　NLP 逻辑层次模型

人总是习惯逃避困难的事情，潜意识总是想要把困难简单化，有了这个层次模型，我们就可以对照拆解困难处在哪个层次，进而从更高层寻求更好的答案和解决办法。如果以前我们只会思考怎么吃、怎么喝、找什么工作，而现在我们会思考我要怎么做、我想变成一个什么样的人，这就是思考维度的提升。思考方式从自下而上变成了自上而下。当你提高思考维度时，原来在低纬度看似很难处理的问题也许会变得易如反掌。六个思维层次决定了我们看待问题的不同态度，也对应了六种不同的人生。

第一层：从环境中找到问题的人，更像一个抱怨者。这里的环境是指时间、地点、人物，也就是你身边的人——同事、领导、朋友、家人；你所处的公司或者团队；你面对的竞争对手；当前的市场大环境等。将思维局限于环境这个层级的人，遇到问题后，第一反应不是从自己身上找问题，而是把原因归咎于外部环境，比如感叹自己运气不好、没遇到好老板等，总之凡事都是别人的错，自己没错。这样的人情绪不稳定，像一个十足的抱怨者。

第二层：乐于行动的实干家，关注努力程度。思维处在这一层的人能将目光投向内部，从自身寻找问题。他们不会对外部环境抱怨太多，而是把注意力放在自身的行为上，例如个人的努力程度等。绝大多数人能做到努力，但是当他们把努力当成唯一标准后，容易忽略其他因素，只用努力来欺骗自己，例如每天加班、学习、锻炼等，至于是否有价值似乎不重要，努力只是让他们心安。

第三层：探索方法的战术家，喜欢寻找方法论。思维处在这一层的人，开始琢磨自己的能力，他们能跳出"努力让自己心安"这个舒适区，积极寻找方法，有了科学正确的方法，就能事半功倍。但是这一步也容易让人产生错觉，因为在知道方法的那一瞬间，一些人会产生"一切事情都可以搞定"的错觉，于是不愿意花时间去踏实努力，沉迷于方法论，坚信前面还有更好的方法。最终成了"道理都懂，就是不做"的那群人。

第四层：主动选择的战略家，选择对的事情。再好的方法也代替不了努力，也一定有人明白，比方法更重的其实是选择。因为一件事情方向错了，再多的努力和方法也没用，甚至还会起反作用，所以一定要搞清楚"什么是最重要的"，这就要靠我们的信念和价值观，有点接近智慧。信念和价值观是一个人从被动跟随命运到主动掌握命运的关键。

第五层：认识自我的觉醒者，因为知道我是谁，所以我选择做什么。自我意识是一个更高阶、更主动的选择。所谓自我意识，就是从自己的身份定位开始思考问题，即"我是一个什么样的人，所以我应该去做什么样的事"。在这个视角下，所有的选择、方法、努力都围绕自我身份的建设而自动转换为适合的状态，这样的人，可以说是真正的觉醒者。

第六层：坚持愿景的创造者，为改变世界而活。当一个人开始思考使命时，他必然会把自己的价值建立在为众人服务上，也就是说，人活着的最高意义是创造、利他、积极地影响他人。

追求使命的人不一定是伟人，也可以是我们这样的普通人，只要我们能在自己的能力范围内对他人产生积极影响。有了使命追求，我们就能催生出真正的人生目标，就能不畏艰难困苦，勇往直前。所以想要更加清楚地认识到"我是谁"，需要我们找到人生的目标和使命。

真北领导者使命探索：莲花模型

儒家的安身立命之说和NLP逻辑层次模型提供了一个框架，帮助我们思考人生的使命和意义。但是真北领导者要找到自己的使命和意义，还需要经历一个逐渐清晰、深入的过程。如果把认清自己比喻为一朵莲花绽放的过程，我们需要由外及里一层一层地打开，直到看见内核，探索出"本来的我"，确定人生的意义、使命和目标，让这朵生命之花绽放（如图5-2所示）。

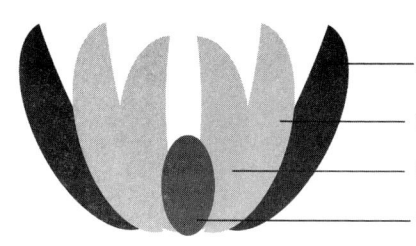

外　壳：理解的自己外壳，明确自己的强项和弱项
价值观：确定自己的价值观，找到人生最基本的坚守
动　力：找到自己的动力，看见自己的领导力兴奋点
使　命：明确自己的使命，确定人生意义和目标

图 5-2　使命探索的莲花模型

理解自己的外壳：领导者的强项与弱项

在认识自己的过程中，每剥掉一层外壳，你就会发现下面有一个更深、更有趣的层面。越是接近自己的内核，你就会发现里面的内层越是柔软脆弱，因为这些内层往往并没有经受过外部世界的攻击。当你觉得不够安全的时候，你就会保护自己的内核免受外部攻击，在这个过程中，逐渐会形成一个惯性的自我意识。随着不断地成长，你的外壳就会变得越来越多，越来越复杂。

外壳是你向外部世界展现的自己，包括外貌、面部表情、身体语言、服装、行为方式、语言表达等。在很多情况下，为了保护自己免受外部世界伤害，这些外壳都是粗糙而坚硬的。而认清自己的第一步就是理解自己的外壳，因为这是通往内核的入口。理解自己的外壳首先需要将注意力回归到自己的身体，回归到自己的日常行为与领导风格。如何理解自己的外壳，可以使用前面"自我觉察"章节提到的方法，通过正坐冥想、失衡体验、教练指导、专业测评工具或他人反馈等方法去理解自己的行为方式以及背后的原因。本书推荐一个在培训实践中帮助领导者快速理解自我的方法和流程。

步骤一：借助专业的测评工具。 通过使用专业测评工具，例如 DSIC、PDP、MBTI、Assess、职业锚等，了解自己的行为特点或社交风格。

步骤二：画出影响轮。 找出在 18 岁之前对自己影响最大的人，并写出这些人对自己影响最深刻的 3 个特质或特点。通过影响轮去分析自己的性格特点、思考方式或行为方式等背后可能的原因，找到未来自己需要改变或发展的方向。制作影响轮时的规则和方法，可参考如下步骤。

1. 这些人物包括生育你的、养育你的、在生活及情感上支持你的人或物。

2. 利用圆圈大小表达这些人物对自己的影响力，影响越大的人物圆圈就画得越大，影响越小的人物圆圈就画得越小。

3. 标出这些特质对自己产生了正面影响还是负面影响（"+"表示正面影响，"–"表示负面影响）。

4. 在这些影响因素中，找出自己仍然想保持的3个特点。

5. 在这些影响因素中，找出自己想要去掉的3个影响因素。

在一些领导力培养与发展的项目中，为了帮助领导者们探寻自己可能的潜能，我们会邀请大家画出自己的影响轮（如图5-2所示）。通过影响轮可以帮助领导者们系统梳理和分析自己现在为什么会有一些固有想法或行为，它们到底源自何处。例如有一位大型企业的中层管理者说："我一直都非常自卑，即使在现在的管理岗位上，依然经常会觉得自卑，觉得自己不行。身边的同事或领导都说我很优秀，认为我是故意谦虚，甚至有人还觉得这个说法有些虚伪，可是我自己心里明白，我很自卑。因为小的时候，父母经常吵架，那个时候认为自己没有一个幸福的家，特别是与周围小孩子对比，更加明显。我都不好意思给别人说自己的父母经常吵架。即使已经过去很多年，这样的情绪和感觉一直笼罩着我，所以我现在很少同妻子吵架，但是不吵架又出现很多其他问题。"通过这样的分析，我们可以帮助管理者去探寻自己现在的思考方式或行为方式背后的原因，找到未来可以改进的切入点。后来这位管理者选择的想要保持或加强的因素有"责任担当、理性、智慧"，想要消除的因素有"脾气大易发火、听话、社交"。通过这个步骤，领导者会逐渐明白自己在确定未来发展方向的时候，可以选择的方向是什么。

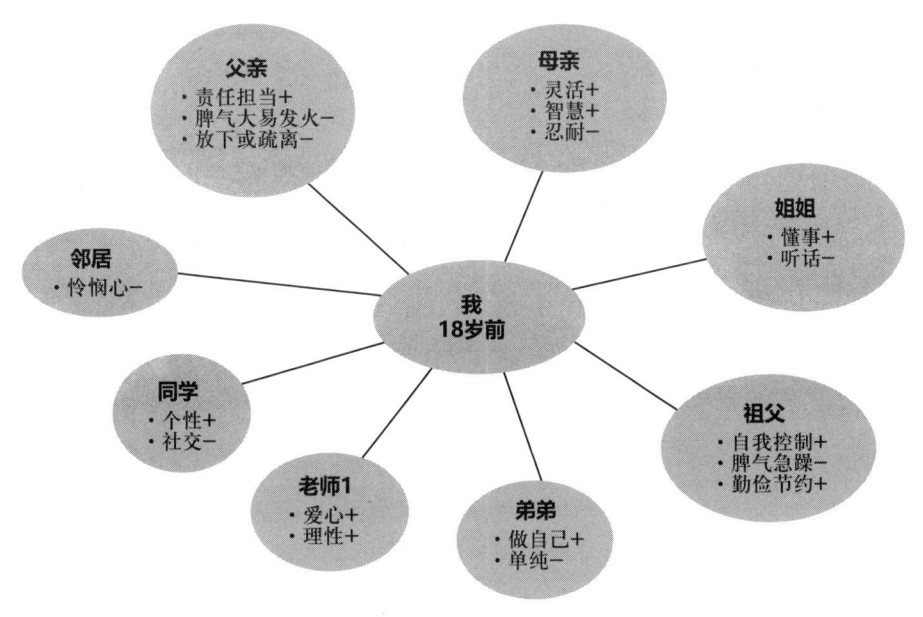

图 5-3 一位企业中层管理者的影响轮示例

步骤三：寻求周围人的反馈。主动询问周边的人对自己的评价或反馈，并记录下来，分类整理。可询问的问题建议如下：

1. 我的身体方面的特点是什么？优势是什么？劣势是什么？
2. 你最喜欢我的3个性格特点是什么？你最希望我改进的3个性格特点是什么？
3. 你觉得我最擅长的事情是什么？
4. 在领导力方面，你觉得我最大的优势是什么？
5. 作为一名领导者，我最需要改进的地方是什么？

在询问他人上述问题时，最好选择一个安静、不会被打扰的环境，创造一个相对安全轻松的氛围，让受访者或询问对象处于一种自然放松的状态。在过程中领导者需要全程保持开放心态，接纳所有的结果反馈，无论是正面的还是负面的。

此外，主动询问的对象，也要尽可能丰富和多元，这样可确保收集的信息更丰富、全面，最好既有自己信任的家人、师长或好友，也有关系尚可或暂时关系不是很亲密的同学、同事、朋友等。将大家给出的反馈全部写下来，归类分析，然后进入下一个步骤。

步骤四：找出自己的强项与弱项。领导者可以通过回答如下几个问题，在纸上写出答案，然后进行排序，仔细分析并发现自己强项与弱项。

1. 我擅长的事情是什么？列出5个领域，并排序。
2. 我的优势是什么？列出5个，并排序。
3. 作为一名领导者，我最大的优势是什么？列出5个，并排序。
4. 作为一名领导者，我最需要改进的地方是什么？列出5个，并排序。
5. 当前我能获得的工作机会和事业机会有哪些？列出5个，并排序。
6. 我的家庭关系如何？家人对我的期待是什么？我需要为家庭担负的责任和提供的支持是什么？
7. 我的重要社会关系有哪些？我愿意投入多少时间和资源去培养社会关系（尤其是朋友）？
8. 再结合上文步骤一、步骤二、步骤三的结果，分析自己当前的强项和弱项是什么，并进行排序。

在实践操作中，我们经常遇到一些管理者不知道如何去发现自己的优势，或者如何去描述自己的优势。这里给出一个参考，艾伦·卡尔（Alan·Carr）在《积极心理学》一书中提出人的六类优势，包括智慧、勇气、仁慈、正义、克己和超然（见表5-1）。

表 5-1　积极心理学的优势类别

智慧	勇气	仁慈	正义	克己	超然
创造力 好奇心 思维开阔 热爱学习 洞察力	本真 无畏 毅力 热忱	善良 爱 社会智力	公平 领导力 团队合作	宽容 稳重 谨慎 自我调节	欣赏 感恩 希望 幽默 虔诚

在回答上述问题时，有两点需要提醒领导者：一是保持诚意，真实作答即可，所有答案都没有对错之分，只关乎真实。二是基于事实中自己的能力和优势，而非理想状态中自己的能力和优势。

步骤一可以帮助领导者了解自己的行为风格和社交特点；步骤二可以帮助领导者了解自己形成现在这样的性格特点或行为风格的可能原因，觉察并决定自己可以去改变的特点或方法；步骤三可以引导领导者看到自己的盲点或盲区；步骤四可以帮助领导者进一步理解自己的外壳。领导者们的最终目的，就是找出自己在职业发展和领导力方面的强项和弱项，这是明确人生意义和使命的务实前提。

确定自己的价值观：人生最基本的坚守

价值观是一个人在做决策时选择的依据，是自己生命中最重要东西之一。价值观没有对错之分，而且只有自己才能做出决定。

为什么要重视对价值观的理解呢？

领导者要想领导其他人实现一些更大的目标，就一定要放弃个人英雄主义的想法，化私为公，完成从"我"到"我们"的转变，将"个人小志"转变为"团队宏图大志"。在过去几十年的发展中，我们已经看到领导方式的变化，逐渐从"目标领导转向价值观领导"，更多的公司和领导者们，用价值观将所有员工团结到一个共同目标下，例如华为公司、IBM公司等经典文化案例中，都是企业家用价值观引领发展。

而领导者在寻找自己的"真北"的过程中，有一个非常关键的现实是：我们必须承认自己很容易脱离原有的规划好的轨道，忘记自己的初心。业绩压力、对失败的恐惧以及成功带来的荣耀等，都很容易让我们偏离自己的初衷。因此，只有尽早明确自己的价值观，找到自己的领导原则，确定自己的道德界限，在面对压力和困境时，我们才能经受住考验，才能不偏离航道或者偏离后能够及时返回原有的轨道。此外，一旦做出价值观选择，领导者就可以更好地与具有相同价值观的人或组织站到同一条战线上。

当我们陷入困境或危机，需要在一系列事物中进行取舍时，才会知道生命中最珍贵的东西是什么，此刻就非常需要清楚我们的价值观是什么，但是有时会为时已晚。如果在危机来临之前，领导者已经明确了自己价值观，那么在遇到压力或危机时，他们就更容易保持自己的航向，顶住压力，渡过难关，出现迷失局面的概率会很小。

领导者们如何找到自己生命中最想坚守的东西呢？可以回想自己过往的生活经历，当价值观与经历的事件发生冲突时，当时自己的选择是什么？当时能否解决这种冲突？自己对当时的结果满意吗？通过回想这些问题，回想价值观受到考验的情形，从而进一步明确自己的价值观。也可以通过价值观排序练习，帮助自己找到生命中真正想要坚守的东西。

价值观排序练习如下。

1. 请回忆过往的生活经历，当面对冲突或选择的时候，自己最终的决定是什么。

- 当时发生了什么事情？

- 如何解决那次冲突？
- 你对当时的结果满意吗？
- 将来遇到类似情况你会如何处理？

2. 列出对你的人生和领导工作极其重要的价值观。
3. 对上述列出的价值观进行排序。
4. 哪些价值观你从来没有违反过？
5. 哪些价值观是你希望坚持，但也可以有所变通的？
6. 哪些价值观会随着具体情况的变化而变化？
7. 确定自己最终会坚守的价值观。

如果领导者不知道如何回答上述问题，不清楚如何表述价值观，也可以借用美国行为科学家罗基奇（M·Rokeach）的价值观体系。他的价值系统理论认为，各种价值观是按一定的逻辑意义联结在一起的，它们按一定的结构层次或价值系统而存在，价值系统是沿着价值观的重要性程度的连续体而形成的层次序列，包含着18项终极性价值和18项工具性价值（见表5-2）。

第一类：终极性价值系统。是指存在的理想化终极状态或结果，包含的内容有：舒适的生活、振奋的生活、成就感、和平的世界、美丽的世界、平等、家庭保障、自由、幸福、内心平静、成熟的爱、国家安全、快乐、救世、自尊、社会承认、真挚的友谊、睿智。

第二类：工具性价值系统。是指达到理想化终极状态所采用的行为方式或手段，包含的内容有：有抱负、心胸宽广、能干、欢乐、整洁、勇敢、助人、诚实、富于想象、独立、智慧、有逻辑性、博爱、顺从、有教养、负责、自控、仁慈。

表 5-2　价值观的类别

终极价值观	工具价值观
• 舒适的生活：富足的生活 • 振奋的生活：刺激的、积极的生活 • 成就感：持续的贡献 • 和平的世界：没有冲突和战争 • 美丽的世界：艺术和自然的美 • 平等：兄弟情谊、机会均等 • 家庭保障：照顾自己所爱的人 • 自由：独立、自主的选择 • 幸福：满足 • 内心平静：没有内心冲突 • 成熟的爱：性和精神上的亲密 • 国家安全：免遭攻击 • 快乐：快乐的、休闲的生活 • 救世：永恒的、救世的生活 • 自尊：自重 • 社会承认：尊重、赞赏 • 真挚的友谊：亲密关系 • 睿智：对生活有成熟的理解	• 有抱负：辛勤工作、奋发向上 • 心胸宽广：开放 • 能干：有能力、有效率 • 欢乐：轻松愉快 • 整洁：卫生、清洁 • 勇敢：坚持自己的信仰 • 助人：为他人的福利工作 • 诚实：真挚、正直 • 富于想象：大胆、有创造力 • 独立：自力更生、自给自足 • 智慧：有知识、善思考 • 有逻辑性：理性的 • 博爱：温情的、温柔的 • 顺从：有责任感、尊重的 • 有教养：有礼的、性情好 • 负责：可靠的 • 自控：自律的、约束的 • 仁慈：宽容、谅解他人

在进行价值观选择和排序时，领导者要按照对自身的重要程度进行排序，将最重要的排在第一位，次重要的排在第二位，依此类推，越不重要的内容就越往后排，这样就可以清晰地看见或确定自己想要遵守的价值观是什么。

作为领导者，当你确定了自己的价值观后，还需要写下你对每条价值观念的意义界定，例如"正直"这一条，自己可定义为"对他人开诚布公并依法从事商业活动"，不同人对同一个价值观念可能会有不同的定义。

真正消耗你的激情和能量的并不是现实难题，而是那些违背你的价值观的事情。人在顺境中坚持自己的原则相对比较容易，但是真正的考验往往出现在事情进展不顺利或是自己多年的成就即将化为泡影的时候。在那些时刻，你会怎么做？为了渡过危机，你会不会违背自己的价值观呢？如果违背价值观帮你渡过危机，而在危机之后，你又重新秉持原有的价值观，你将不再是一个"言行一致"的领导者。人们相信未来再次遭遇类似的情况时，你很可能会再次偏离轨道。还有一个更为严峻的挑战是，在不受监督的情况下你又会有何举动？我们很多领导者认为自己的行为不会被发现，而这一点恰恰是他们陷入困境的原因。正如《大学》中对"诚意"和"慎独"的阐释："小人闲居为不善，无所不至，见君子而后厌然，掩其不善，而著其善。人之视己，如见其肺肝然，则何益矣？此谓诚于中，形于外。故君子必慎其独也。"你以为别人不会发现你的选择，其实别人最终会看得清清楚楚，因此我们前面提出的发展真北领导力的原则中就有"内外合一，构建中道整体"和"最有效的领导力就是做自己，是展现出真诚"。

当明确了自己的价值观选择和定义后，领导者需要将价值观付诸实践。讲究原则的领导者会在地上画一条清晰的线，所以他们往往不容易被欺骗或被诱导。比如"助人"这个价值观念，可以转化成"创造一个让每个人的努力都能得到尊重，为人们提供职业保障，让他们可以发挥自己潜力的工作环境"的原则。在确定领导原则后，领导者们需要为自己画一条清晰的道德底线，这些就是在采取具体行动时的指导原则，可以用来判断哪些事情可以做，哪些事情不能做。曾经听到一位高管分享，他在明确自己的价值观后，给自己列出一张清单，上面详细列出了无论面临多大压力，自己绝对不会做的事情。然后把这张清单放在一个信封里面，时刻带在身边。每当遇到压力时，他都会拿出信封，提醒自己时刻牢记这些道德界限，不做那些违背自己价值观的事情。因此，领导者需要将价值观转化成清晰的领导原则和道德界限（见表5-3）。

表 5-3　价值观、领导原则与道德界限

价值观	你生命中最重要的东西
领导原则	从你的价值观衍生而来,是你担任领导工作时所遵从的标准。原则是价值观在具体行动中的体现
道德界限	根据领导原则,在工作中为自己定下标准,哪些可以做,哪些不能做

领导原则是价值观落实到工作实践的媒介,是明确领导者该如何在自己的工作环境中开展领导工作的行为准则。领导者可根据前面给每条价值观念写下来的定义,将它们转化成领导原则。例如对"正直"这条价值观念的定义是:对他人开诚布公并依法从事商业活动。

由此形成的领导原则是:为了创造一个开诚布公的环境,无论是面对面的个人对话,还是集体会议讨论,我都将以身作则。

确定了自己的领导原则后,领导者还需要明确道德界限,这是保证不迷失的最后防线。你可能会遇到因现实与价值观发生冲突而难以取舍的情况,或自己无法将领导原则付诸实践等情况。此时,道德界限为领导者划定了不可逾越的明确界限,不以任何意志为转移。如果没有清晰的道德界限,领导者会发现,自己早期的微小偏离会导致后来的重大偏差,尤其是当早期偏离没有被发现和引起重视时更会引发后期的严重后果。因此,在面对外界的种种压力和挑战时,领导者更应该首先给自己划定清晰的道德界限。道德界限是建立在自己道德行为标准之上的行动约束,是那些"我不会做……"的事情。例如《真北》一书的作者比尔·乔治提供了一个方法来测试自己的道德界限——见报测试,即试想一下,你在工作中或生活中准备进行的一项冒险活动即将被刊登在报纸的头版头条。如果你的同事、家人和朋友会清楚地知道这件事情,你会感到骄傲还是羞愧呢?闭上眼睛,聆听你内心的真实声音。通过这样的方式,重新审视自己的行为,明确道德界限。

找到自己的动力：领导者的兴奋点

在理解了自己的外壳、明确了价值观后，想要在工作中发挥自己的最大长项，想要保持持续的动力和激情，那就需要知道自己的动力在哪儿。人的动力往往来自两个方面：逃避痛苦和追逐快乐。这体现了人类"趋利避害"的天性，所以要特别留意生活中的痛苦和喜悦，这才是自我改变的底层动力。

《刻意学习》一书的作者说，他能在真正的痛苦到来之前就运用未来视角对当前的状态进行审视，从而让自己提前感受痛苦，并以此驱动自己。可惜生活中大多数人都缺乏自我觉察的认知能力，所以对生活中的痛苦和喜悦不够敏感，他们每天有吃有穿，也有事情做，但是对自己的人生很迷茫；他们对眼下的生活不够满意，但似乎也能忍受；他们对未来的生活有向往，但不知道自己真正想要的是什么。总之他们处于那种"不是特别痛苦，也不是特别喜悦"的中间状态，前无拉力，后无推力，心里想过更好的生活，但是身体充满惰性，于是成天在"想变好"和"想偷懒"之间拉锯，无法主动做成一件事。如果一个人只有在痛苦的时候才知道改变，那么他的人生一定是被动的和低效的。

所以领导者如果要维持强劲的动力，首先需要清楚地理解自己的动力来源。基于人"趋利避害"的天性，动力也表现为两种形式：外在动力和内在动力。外在动力由外部世界衡量，表现为财富、权力、头衔、地位和社会上的名望等。尽管很多人不承认，但大多数人都是为了获得外在成功而努力工作。他们希望取得成功，而且非常享受伴随成功而来的成就感。内在动力来自你对生命意义的感受，它们与你的人生经历以及你对自己人生经历的解释方式紧密相连，表现为追求个人成长、帮助其他人进步、关心社会进化、改变世界等（见表5-4）。

表 5-4　动力的类别

外在动力	内在动力
金钱报酬	个人成长
获得权力	工作愉快
获得头衔	帮助他人
外界认可	和自己关心的人在一起
社会地位	找到自己的意义
战胜他人	忠于自己的信仰
名人交往	别有一番作为
其他	其他

平衡内外动力符合中道生命整体观

内在动力来自人的内心深处，它往往比外在动力更加微妙。外部动力本身没有问题，赚钱掌权、出人头地可以成为人生活中的好事，为人带来幸福。但是完全依赖外部动力又会出现一些其他问题。当前社会对物质成就的关注已经达到了前所未有的程度，各种诱惑和社会压力也会迫使领导者纷纷追求世人的认同，而不是去聆听自己内心的声音。很多领导者也会提醒新一代的人留意不要陷入社会、同辈、父母用期待编织的陷阱，现实情况却相反，我们不少人都活在别人的期待中。追求外部动力，积累物质财富的道路就摆在你的面前，就像《月亮与六便士》一书中的描述：你只要低头，到处都是六便士。这条路非常清晰，人们知道如何去衡量它，如果你没有走这条路，人们甚至会怀疑你一定是哪里出了问题。想要避免陷入外部诱因的陷阱，唯一的方法就是找到自己真正的快乐之源，但是很多人终其一生都没有找到自己内心最强大的动力，没有找到人生更为深刻的意义和目的。

为了追求自己热爱的事业，有一些人也会在职业生涯开始时拒绝高薪工作，这样的人大多会成为最后真正的赢家，无论是心理满意度还是物质待遇都是如此，因为做自己真正喜欢的事情时一般比较容易成功。许多人曾经想放弃一份自己不喜欢的工作，去做一些自己喜欢的事情，但他们最终还是不敢迈出关键的一步，因为这看起来风险太大，而他们往往又有很多房贷和车贷要负担，这会让很多人不敢去追求自己真正的梦想。

在《孕育青色领导力》一书中，作者也提出了对使命和安全之间的张力进行优化和权衡取舍。使命侧重内在动力，如愿景、贡献，往往是基于热情与热爱而定义；安全更侧重外在动力，如升迁、认可，往往是基于恐惧与担忧而定义（如图5-4所示）。生活和领导工作中的焦虑主要来自使命和安全之间的张力，我们一方面想要有所作为，不同凡响，实现内心深处的承诺；另一方面又不想冒那么大风险。但是使命和安全之间的张力不是坏事，并非需要解决的问题。作为一种两难的困境、一种两极化，它无法被解决，只能进行和解。因为张力中的两极都是我们必须实现的，这个"张力—解决"的结构两端都在寻求实现，都在争夺我们的注意力。这种张力存在于每个人的天性之中，存在于每个时刻和每次会议之中。面对这种张力我们需要做出选择，定义自己的生活和领导力。

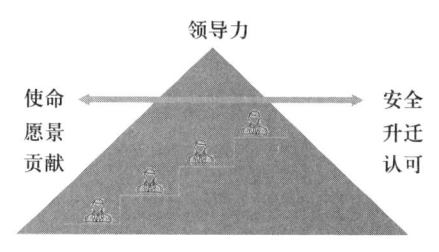

图5-4 工作中使命与安全的张力

因此，成为一名真北领导者的关键不是要回避外部动力，而是把握好外部动力和内部动力之间的平衡。很多人都希望得到同辈的认可，得到更高的头衔，或者是外部的赞誉，这是人之常情。当你取得一些世人眼中的成功时，这些东西会随之而来。可是真正危险的是，一旦领导者沉迷于这些外界诱惑，他们就会无法自拔。这时他们面临的最大危险就是失去自己的内部动力，彻底抛弃那些能够给他们带来更深层动力的东西，此刻的外部动力反而成了阻力。平衡好外在动力和内在动力，才符合中道生命整体观，才能帮助领导者成为自己生命的主构者。领导者可以通过以下练习寻找动力。

1. 你真的很需要成为一名领导者吗？
2. 是什么激励你成为一名领导者？
3. 你的动力来源是什么？
4. 你的外部动力是什么？如何排序？
5. 根据你的判断，你的外部动力可能正为你设置什么陷阱？你将如何去避免呢？
6. 你的内部动力是什么？如何排序？
7. 回想你的外部动力与内部动力发生冲突的情形，你当时做出了什么选择？你是如何解决这些冲突的呢？你可以采取什么方式来平衡你的外部动力和内部动力？
8. 将内部动力和外部动力结合起来，进行排序。

领导者的兴奋点提供持续动力

想要保持长久的动力，将自己的领导潜能发挥到极限，还有一个关键因素是找到你的兴奋点，将自己的动力与能力相融合。能力成长法则揭示，无论是个体还是群体，其能力都以"舒适区—拉伸区—困难区"的形式分布，要想高效成长，必须让自己处于舒适区的边缘，贸然跨入困难区会让自己受挫，而始终停留在舒适区会让自己停止进步。但是人的天性正好与这个规律相反。在心理上急于求成，总想一口吃成个胖子，导致自己终日在困难区受挫；在行动上避难趋易，总是停留在舒适区，导致自己在现实中总是一无所获。因此想要找到领导的兴奋点，首先要找出你擅长东西，然后找出你喜欢的东西。认真反思自己的强项和弱项，思考自己能够创造的价值。只有最大限度地发挥自己的优势，在自己舒适区的边缘不断拉伸和磨炼，你才会做出真正卓越的事业。当接受风险挑战时，你可能会吃惊地发现自己身上居然会释放出巨大的领导能力。

想要将自己的领导潜能发挥到极致，需要满足两个条件：一要找到能够激励自己的机遇；二要最大限度地利用自己的长项，二者缺一不可。如果你对某件事情感兴趣，却并没有足够的能力，你就不可能在这一领域成为真正高效的领导者。一旦找到一个能将自己的能力和动力相互融合的领域，你就会发现自己的兴奋点，并将自己的领导潜能发挥到极致。正如情境领导力中，基于对工作任务准备的程度对领导行为分类，按照"能力—动力"两个维度分成四类：低能力低动力、低能力高动力、高能力低动力、高能力高动力。当下属对某项工作具有高能力高动力的准备的时候，此刻不需要任何领导，可采用授权的管理方式，只需要给予下属足够的空间与权限，下属将会把任务完成得很好。因此领导者想要找到自己的兴奋点，必须主动去寻找出能展示自己高能力高动力的事情，激发出自己的最佳状态（如图 5-5 所示）。

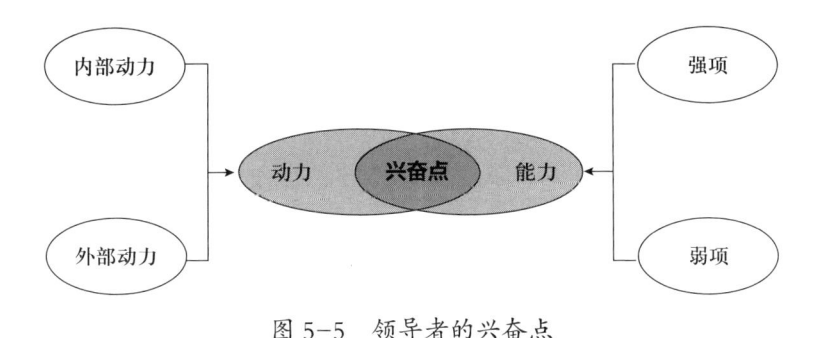

图 5-5　领导者的兴奋点

确定领导者的兴奋点的练习如下。

1. 列出你的能力优势，并进行排序。
2. 列出你当前最想要发展的领域和最强烈的需要，并进行排序。
3. 列出能激发你的潜能的领域：你既有能力完成，又感兴趣的领域。
4. 列出你未来可能会发挥自己能力的领域，并进行排序。
5. 你每个星期可以抽出多少时间陪伴你的家人或爱人？
6. 你每个星期有多少时间为自己补充能量？
7. 你最终选择的领导力兴奋点是什么？

在自己的能力与动力融合的兴奋点（领域）上努力，运用认知力量驱动自己，而不是靠意志力苦苦支撑，这样会帮我们更好地达成目标，成为一个真北领导者，做一个真正的长期主义者。

明确自己的使命：人生的意义和目标

人是意义的建构者，每个人都会用自己的方式去理解世界。我们建构世界，又生活在自己建构的世界中，并以自己构建世界的方式为信条采取行动。如果一个人要强迫自己做不喜欢的工作，那付出的代价太大了，他在工作中往往是依据时间表而行事，并没有遵循自己的内心，没有遵循自己的"真北"，这样的工作状态没有办法激发自己的激情和热爱，也没办法释放出自己的巨大潜能。

觉醒者的激情会带来无穷能量

激情非常重要！

如果带着激情工作，有可能会激发更大的潜能，并享受过程。反之，就会像一个没睡醒的人，没有特别喜欢的东西或事物，感受不到生活与工作的乐趣，虽然会投入本职工作与生活，但容易产生疲倦或疲惫，更多的是满足基本要求，甚至是应付状态，最后还觉得自己很累，精疲力竭。可是作为领导者，你必须让周围的人看到你的激情，否则你就无法带领整个团队继续向前。而激情又无法作假，如果内心没有激情，你根本不可能伪装出来。

一个人凭空想象是很难找到自己的激情的，激情来自个人经历。要找到自己的激情，需要进行自省，同时也需要一些真实的人生经历，通过理解你生活中的一些主要事件的意义，可以找到自己的激情，然后才能决定将精力投放到哪里。如果做不到这一点，你就很难感受到一种真正的满足。激情也可以帮助我们发现自己的领导目标。

找到自己的激情并不像听起来那么容易，对于有些领导者来说，他们是在经历了一次重大人生转折事件后，才找到了自己的激情。而对于其他人来说，要想找到自己的激情，必须学会放弃自己的保护伞，学会忽视别人对自己的期待，开始真正地觉醒。真正的觉醒者往往是从一个美好的愿望开始，然后觉察自我，找到方法，最后确定自己的奋斗目标。觉察者身上有三个特点，见表5-5。

表5-5 觉醒者的三个特点

特征	内容
愿望觉醒	一个人从不知道要变好到想要变好，从"浑浑噩噩"转而开始对"美好生活"有了强烈的向往
方法觉醒	一个人从不知道怎么变好到知道怎么变好，其行动力从盲目的毅力支撑升级到科学的认知驱动
目标觉醒	一个人开始寻找自己的人生目标，并努力去做成一件或多件对自己和他人有用的事，让自己成为一个很有价值的人

领导者在确定自己的人生目标与领导目标前，首先要明确自己的使命。拉里·威尔逊在《求胜》一书中给出了领导者在做选择或决策时，常见的两个策略：求胜型策略或避败型策略。求胜型策略是指我们在做决策时全力以赴，输赢好像不需要放在心上，为了心中的目标而前进，我们将

其定义为"使命驱动游戏"。避败型策略是指通过竭力避免失败来争取胜利，这是一种防御性的玩法，只要不输就好。迪特里希·朋霍费尔，一位反纳粹主义的牧师，回忆自己在纳粹集中营里的经历时感叹："如果我们把生活的重心放在追求安全上，反而会永远感觉不到安全。如果我们反其道而行之，把重心放在自己的崇高追求上，就可以活出我们与生俱来的使命，创造想要成就的未来，这么做本身就会带来一份安全。虽然这违反直觉，但谨慎并非一条安全的路径。在使命驱动游戏里，我们接纳那些伴随着领导角色和充实生活而来的固有风险，反而因此激发出自己内心早已存在的安全感。这种安全感并非依附于那些看似掌握我们未来命运的外在权力，而是根植于创造理想未来的能力。领导工作本来就是在不断推开边际，根本没有安全的路径可言，事情就是这样。"

沃伦·本尼斯在《成为领导者》一书中写道："领导者不是天生的，而是被锻造出来的，他们的自我锻造比任何外部手段都要重要。他们的出发点并非成为领导者本身，而是想要充分、自由地表达自我。成为领导者是成为自己的代名词，非常简单，但也非常艰难。首先也是最重要的，找出你是什么样的人，然后成为他。"这也就是我们说的找到人生使命。

聆听内心的渴望和感受

使命是一种渴望，是一种爱，是灵魂此生最想追求的事物。使命不是我们发明创造出来的，而是从内心自然流淌出来的。我们若留心，它便会找到我们。人生最重要的事情就是找到自己的使命。领导者在确定自己的使命时，需要聆听自己内心的声音，需要用心去感受什么事情最能触动自己，而不是用脑子去思考什么事情最有利。理性分析和计算无法找出内心的真正需求，唯有感性的觉知和洞察才能让答案浮出水面。理性思维虽然高级，但在判断与选择方面可能并不具有优势，所以先用感性选择，再用理性思考，诚如有位教授的建议：小事听从你的脑，大事听从你的心。

那么我们该如何去捕捉感性呢？如何才能听到内心的声音呢？《美好人生运营指南》的作者提供了一个问题清单，帮助我们寻找人生使命。

1. 这个世界上有很多事情可以做，你最想帮助哪些人？
2. 什么事让你废寝忘食？
3. 你在做什么事情的时候最让自己感动？
4. 你最让人感动的时刻是什么？
5. 如果没有任何经济压力，你会如何度过余生？
6. 闲暇的时候，你关注最多的是哪方面的信息？

《认知觉醒》一书的作者认为想要寻找自己的使命或人生意义，需要感性思考，而不仅仅是用理性脑思考，应该倾听自己内心的声音，可以遵循如下三个原则。

1. 采用"最"字法。关注那些最触动自己的点，例如让你眼前一亮、心中泛起波澜的人和事，脑中灵光乍现的想法，遭遇的痛苦等，学会捕捉它们，并深入分析挖掘，往往会有丰厚的收获。

2. 采用"总"字法。平时脑子里面总是不自觉地重复跳出某些念头或心里总是挥之不去的事，这些通常都是我们心中最放不下的事，是情绪波动的源头，我们有意识地去审视它们，可以看到自己内心的需求。

3. 采用"直觉"或"无意识的第一反应"。关注自己第一次见到某个人、第一次走进某个房间、第一次做某件事时，心中出现的瞬间防御或第一个念头，第一个念头往往是来自我们潜意识的真实信息。

81

在《孕育青色领导力》一书中，作者认为寻找使命是一项注意力联系，如同在森林中追踪麋鹿那样，要求我们留意自己在生命中（或生命在我们身上）踏过的小径、经历的瞬间，细微而不易觉察的线索。生活已经对我们呢喃很久，提醒我们真正重要的是什么，为我们留下一路痕迹，等候我们鼓起勇气去发现。而注意力练习的要点是学会相信使命跳出来说话的清明刹那。我们的生命有很多维度，其中最深处、最真实的部分很清楚我们要做什么，因此我们需要与它们对话。发现使命踪迹的时机有两类。

1. **活力时刻**：在我们最有活力的时刻、做着最能让自己焕发光彩的事情时，生命就在说话。此刻你只需要"追随你的狂喜"，如果它带给你喜悦，那就再多一些。人生的使命会在喜悦、兴奋、热情、有意义、丰盛的时光中留下线索；让朝气蓬勃、活力四射的躯体告诉我们，我们最在乎什么，然后把我们引向最高渴望。

2. **消沉时刻**：生命也会在我们最消沉的时候说话。当境遇不尽如人意、每况愈下的时候，当我们经历痛苦、无聊、烦躁和乏味的时候，生命让我们认知到自己最缺失什么，也提醒我们必须去做的是什么。

我们要筛选出生命中最具活力和最消沉的时刻，从中萃取人生使命的主题、模式和线索。我们要留意这些线索，让它们指明通往我们最深渴望的道路，定义这些渴望中哪些是"必需"的，这些都是让我们训练自己的注意力。

有一个关键点需要提醒领导者，使命不是在真空中，我们的使命不仅关乎个人成就，而且关乎贡献和服务。我们的使命当然包含给自己带来的意义和喜悦，但也必须浸透着世界对我们的需要。家庭、社会、文化和组织，这些环境并非偶然。我们的使命连接着周围人的需求，连接着我们的生活和工作的组织、社会和世界的需求。每个人身上不仅有自身独特的激情、好奇和才干，同时还交织着一个需要帮助的世界，以及唯有我们才能做出的贡献，我们要寻找那个交汇点，开启完成人生使命的旅程。

这个观点与儒家思想非常类似。前面我们在"自我觉察"的章节引用了曾庆宁先生关于"人生五家"的模型，本家、自家、我家、大家、天下一家，从内到外不断扩大自己构建整体的范围，这是我们寻找使命的一个非常重要的前提。我们寻找使命的时候，需要兼顾向内探寻的"格物、致知、诚意、正心、修身"，找到个人的意义，还要兼顾"向外用世"的"齐家、治国、平天下"，为家庭、国家、世界做出贡献。

儒家的修身系统中提供了一个决疑的方法，帮助我们去做有关重大事件的决策。决疑的方法适用于用一般的询问、思辨、推理不能解决的事件，或需要突破原有的生命状态或思维状态才能解决的事件，如寻找人生使命。决疑方法来源于《大学》："知止而后有定，定而后能静，静而后能安，安而后能虑，虑而后能得。"这二十六字是儒家大学心法的精髓，也是决疑的心法。决疑的本质是问心，是外面有一个东西，里面能感知这个东西，然后决定要不要去做或怎么去做，通过问心而形成一个内外相通的整体，内是自身的生命状态，外是周围的环境。探寻个人使命是从内向外产生有效的信息链接，形成向善的导向，构成生命整体。因此决疑需要创造一系列条件，提升个人心力，然后再思考人生使命，抓住那个从内心最深处冒出的想法。真正的决疑需要先调整自己的身体状态和精神状态，而不是直奔问题本身去。

决疑常用四种方法：正坐、中立、安步、静卧。通过坐、立、行、卧来解决疑难问题，意味着儒家决疑不是随随便便的，需要先做一些固定的形体训练。无论采用哪种决疑方式,在决疑过程中都需要遵循六个步骤。

第一步:知止。止在这里是指目标,要有目标、有问题才能做决疑,就如《礼记·学记》所说:"善待问者如撞钟,叩之以小者则小鸣,叩之以大者则大鸣"。决疑如撞钟,先要确定问题,然后再进行后面的步骤:定身、静气、安心、虑外、得内。因此,我们在探寻个人使命时,需要带着问题,如"我这一生想要如何度过""我这一生的人生意义是什么""选择什么样的生活或工作方式能让我们这个世界更有生机"等。

第二步:定身。也就是调整形体。如果身体没有一个安稳的姿势,就会影响决疑的质量。这个定身就是前面说的正坐、中立、安步。如果周围的环境不断变化,就意味着信息不断刺激你,这样不容易保持大脑的有序化,不便于思考问题,不便于决疑。所以决疑需要先安定身体,变躁动为律动,把人定下来。推荐的姿势就是儒门正坐,长期的正坐训练,能够帮助我们快速进入身定的状态。此外,儒门正坐有很多好处,建议真北领导者们有空时可以多练习。

第三步:静气。也就是调整呼吸。静气的"气"有两重含义,一是呼吸之气,二是无形之气。静气是通过调整有形的呼吸来调整无形的气机,使呼吸从没有节律变得均匀,从比较急促变得缓慢,从比较短浅变得深长。一旦呼吸变得平和,人就会感觉自己的情绪变得平和,进而感觉内心变得恬淡,变得安宁。在这种平和、安宁的状态下,我们的大脑才会既稳定又灵敏,才会更有效地与相关信息产生连接,从而心有所虑,心有所得。

第四步:安心。上面说到的内心恬淡、安宁就是安心的表现,如何做到安心呢?我们在前面步骤的基础上可以不断吟诵二十六字心法:"知止而后有定,定而后能静,静而后能安,安而后能虑,虑而后能得。"缓慢地读或缓慢地想,这是一段心法导引,它不仅仅是一段文字,还内含了千百年来先辈修身的信息，反复吟诵可帮助我们平定心绪。进入这种心安的状态并保持下去，什么都不想，让自己放空一段时间再思考问题。

第五，虑外。在心安一段时间后，开始思考问题，思考在第一步给自己提出的问题，进行决疑，听从内心深处浮现出来的答案。在此时有一点需要注意，那就是最好变换环境。中国古人做决策的时候往往需要沐浴、更衣、休粮、迁居。为什么要这样？因为原来的环境不利于提升生命状态，否则答案早就应该出来了，得不出答案意味着你不可能在一个旧的环境里面得出新的信息、新的决策。所以做决策的时候往往需要改变一下环境，到一个清静的地方去，到书院去，或者到自家的书房里面去。

第六，得内。决疑出答案之后，还需要一个甄别的过程，要看答案与问题是否相关、是否有利于提升生机、是否利己利人。对决疑出来的东西要进行分辨，要进行理性思考，判别标准就看是否有利于建立心与身的整体、人与家的整体、人与群的整体以及人与天的整体。

使命探寻四步循环法

从上述中西方不同的哲学观点来看，确定个人使命时，我们一方面需要掌握方法，例如创造外在环境条件、创造内在状态条件、遵循思考的逻辑和层次；另一方面需要掌握原理，就是先问心，通过直觉、感受、感觉等感性思考，再结合自己的价值观、能力、资源、环境、人际关系等进行理性辨别和思考。有一点需要提醒，确定使命往往不是一次就能完成的，经常需要一段时间才能明确和确定，因此真北领导者们要有耐心。为了帮助领导者确定自己的使命，我们构建了一个使命探寻四步循环法，即感性先行、理性甄选、螺旋上升（如图5-6所示）。

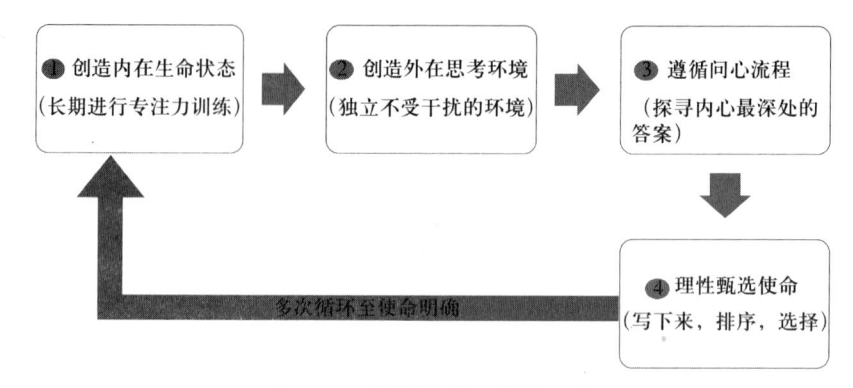

```
①创造内在生命状态      ②创造外在思考环境      ③遵循问心流程
  (长期进行专注力训练)    (独立不受干扰的环境)    (探寻内心最深处的
                                                答案)

              多次循环至使命明确              ④理性甄选使命
                                              (写下来,排序,选择)
```

图 5-6　使命探寻四步循环法

1. **长期进行专注力训练，创造内在生命状态。**例如采用儒门正坐、禅修、正念等方式，经常内观静思，多关注自己的内在状态，提升自我的心力和专注力，为探寻使命创造内在生命状态条件。

2. **寻找一个不受打扰的环境，创造外部思考环境。**在探索使命相关的问题时，一般需要独立思考，最好有一个安静、独处的环境。

3. **遵循问心流程，探寻内心最深处的答案。**可以采用禅修或儒门正坐等内观的方式，也可以在书房或其他安静的环境，通过静心思考将心中所想写下来。这里可借用儒家决疑的过程，在"身定、气静、心安"后，再进行"思虑"。询问自己与使命相关的问题，然后把答案写下来。通过反复叩问和思考，不断地去明确答案。

可参考如下问题：

- 在做什么事情时自己最开心，充满活力和激情？
- 什么事情总是不自觉地跳出来，在自己心里挥之不去？
- 什么状况是自己不想要的，是自己一定要去避免的？
- 这个世界上有很多事情可以做，你最想帮助哪些人？

4. **理性甄选，最终明确使命。**将自己写下来的所有答案进行归类整理、排序，选出最心动的事项，也选出最有利于自己和他人提高生机的事项。在做选择的时候,送给各位真北领导者一段话作为参考,是《道德经》中关于上善若水的描述:"水善利万物而不争,处众人之所恶,故几于道。居善地,心善渊,与善仁,言善信,政善治,事善能,动善时。夫唯不争,故无尤。"

《大学》中说:"心诚求之,虽不中,不远矣。"意思是只要我们内心真诚,保持诚意并向着目标努力,结果不会差太远。在找到自己的使命后,我们就可以明确自己的领导目标,目标是做成一件事情的起点,也是存放我们热情和精力的地方。若是没有目标指引,就很难完成人生使命,单纯靠意志力的努力往往是盲目的,所以人们会反反复复地起念,又反反复复地失败,我们需要定义清晰的目标。否则,你的使命将无法支撑你度过一年,甚至是三个月,然后又会回到原来的操作模式。领导者是能够将人们聚集起来去实现一个共同目标的人,因此需要设定清晰的目标,利用目标与激情去带领团队,围绕目标配置资源。

目标来自我们对一件事情的清晰而长远的认知,而非某个特殊的时间点,因此设计的目标必须清晰、具有长远意义并能关注当下的好处。在时间的力量下,机制会变得疲软,意义也会变得模糊,日复一日的重复会让我们不可避免地陷入"例行公事"的境地。如果你在做一件事情的时候感觉到自己在坚持,其实就是有了牺牲感。如何在重复中感受到乐趣和动力呢?这的确是领导者需要解决的"最后一公里"的问题。那就要关注好处,让我们尽情地活在当下,提升生命质量,体验当下愉悦,而不是盯着痛苦不放。此刻需要接受与欣赏自己,接受自己关键在于能够无条件地爱自己。想要无条件地爱自己,我们必须学会接受眼前,哪怕是有很多缺点的自己,而不是一味希望自己能够变成其他样子。此外还要学会欣赏自己,这就要正确看待自己的弱点和阴影,并学会接受自己身上最令人不满意之处。这些是我们接下来要讨论的内容,即如何看见自己的盲点并持续进化，让自己的心智支撑我们去实现使命。

本章小结

[1] 莲花模型，四个步骤层层深入，探寻自己的使命。

- 理解自己的外壳，明确自己的强项和弱项
- 确定自己的价值观，找到人生最基本的坚守
- 找到自己的动力，看见自己的领导力兴奋点
- 明确自己的使命，确定人生意义和目标

[2] 使命探寻四步循环法：感性先行，理性确认，螺旋上升。

- 长期进行专注力训练，创造内在生命状态
- 寻找一个不受打扰的环境，创造外部思考环境
- 遵循问心流程，探寻内心最深处的答案
- 理性甄选，最终明确使命

第六章　心智进化：实现知行合一

在明确使命的旅程中，还有一项非常重要的事情，那就是发现自己的盲区与阴影，突破自己的内在卡点，为践行使命和发展真北领导力扫清障碍。我们经常在组织或社会中惊讶地发现一些管理者的思维模式与做事方法让人觉得不可思议，时常听到有人说"真不懂他在想什么"，甚至有人直接提醒对方说："换位思考一下嘛！看大局啊。"但是沟通了以后，效果并不明显。《领导者意识进化》一书的作者提醒说，那是因为我们忽略了对方目前的心智发展阶段，他的心智模式影响了选择与行为，他心智容量有多大，就能演算多复杂的议题。

心智模式是深植于我们心中的，关于我们与自己、别人、组织及周围世界的假设、形象和故事如何运作的较为稳定的模式化认知，人们常用它来理解周围世界以及自己与周围世界的互动。但是通常自己的心智模式以及它对行为的影响是很难觉察的。"我们被我们未被觉察的内在信念所主宰，那些我们没有意识到的、我们具有的心智模式，却掌控着我们"。我们日常按照自己的心智模式来行事，但是很少检验该模式是否恰当或正确。大多数人总是在经历人生的重大变故或创伤后，才被动地有所转化或蜕变。其实心智模式可以通过有意识的培养与练习而逐步提升，我们需要多做一些这类的养成活动。

成人发展理论：五阶段心智划分

想要训练心智，首先要认知心智。成人发展理论将心智模式分成五个阶段，通过分析每个阶段具备的不同的特点与优劣势，帮助我们看清自己，认清自己的精彩与局限。它帮助我们看到人如何将自己困于角落之中，并给予我们线索以寻求出路；它帮助我们理解自己作为"大我"时如何可以成就大业，以及作为"小我"时是如何被动和无用。领导者可以借用这套理论去看清自己的心智模式、看清自己的盲区与阴影，进而可以对自己更加慈悲，对于想要什么样的世界以及想在这个世界中如何呈现也拥有更多选择。

如何来划分心智的发展阶段？成人发展理论将自我复杂度作为划分标准。自我复杂度是指以不同的方式来应对周遭的复杂世界、展开多角度思考或高度抽象思维的随机应变能力。人们理解自己所处的复杂世界的能力不同，而这种能力会随着时间的推移而变化。人的心智越成熟，就越能理解更复杂的世界。例如我的大儿子小时候看一部名叫《熊出没》的动画片，其中有一个片段是光头强梦见森林的一棵大树变成了人的样子，称它是森林的树神，能说话也能动，它用粗哑的声音说："光头强，你砍伐树木，破坏森林，伤害我的子民，我要惩罚你，挠你的痒痒。"然后就用树枝变成手不停地挠光头强的痒痒，让他无处可逃。有一天晚上我哄三岁的儿子睡觉，睡前躺在床上玩游戏。我假装变了声音，说自己变成了树神，如果不睡觉，就去挠他痒痒，然后装模作样就在他身上挠痒痒。结果他被吓哭了，真相信我能变身，后来我打开灯，一直抱着他哄，他依然哭不停。最后我说变身结束，又变成最爱他的妈妈，他才慢慢不哭了。根据成人发展理论来分析，因为三岁的小孩子还不具备分辨物体特性的能力，尚未发展出"物体守恒"概念，认为世界随时都在改变，且变化规律神秘而不可知，他的心智还处理不了太复杂的事件。但是半年后，我再跟他玩变身游戏，他很淡定地说"这都是假的"。同样的故事、同样的对象、同样的演绎方式，一切都没有变化，但是他的自我区分力已经不同了——朝着一个更复杂的层次成长。根据自我复杂度的不同，成人发展理论将心智结构分成五个阶段（见表6-1）。

表6-1 成人发展理论的心智结构分布

心智阶段	发展特点
魔幻心智	• 大部分是低幼儿童 • 在这个发展阶段他们尚未发展出"物体守恒"概念，会认为世界随时都在改变，且变化规律神秘而不可知。他们无法管控自己的行为，也无法时刻记住那些需遵守的律法与规则，他的成长任务就是学习这个世界如何运作
以我为尊	• 年长的孩子（7~10岁）、青少年，以及小部分成年人 • 特点：只能接受自己的观点，别人的观点对他来说神秘且看不透，仅能用自己看到的信息推断别人的意图 • 优势：当有一个明确而单一的重要任务时，处于优势。视外在奖赏和结果有直接的关联，薪水是产生激励和提升生产力的重要因素 • 盲点：无法站在他人的视角看问题，不明白、不理解，所以也不为所动，活在二元世界，只有两个选择
规范主导	• 年长少年和大多数成年人（约占成年人的75%） • 特点：社会化程度高，喜欢用外部（别人、理论、规则等）观点来看世界。借助权威的观点进行对错、好坏的价值判断 • 优势：为满足别人的期望而努力做出好的表现。忠于某个他认同的观点、群体或组织，往往会将群体利益置于个人利益之前 • 盲点：欠缺调整不同观点或调解冲突的能力。当内在自己扮演不同身份出现角色冲突时，深感困惑以致无法采取相应的行动
自主导向	• 部分成年人（约占成年人的25%） • 特点：不仅能够采用多角度思考，还能保持自己的观点。了解别人的观点和想法，同时运用他人的观点和意见来强化自己的论点和原则 • 优势：有清晰的个人使命，还可能将之延伸到组织中。有能力、有意愿进行多方聆听，仔细考量多个观点（哪怕相互竞争），依据自己的使命及价值观做出周详的决策 • 盲点：过于依附自己的使命而缺乏弹性。过于讲自己的原则，使己不能站得更高，适应高度复杂的处境；他人对自己抱持的原则或价值观提出疑问时，会显得难以应付

91

续表

心智阶段	发展特点
内观自变	• 少数成年人（约占成年人的1%） • 特点：能看到和明白别人的观点，还能利用他人的观点来持续提升自己的思维系统，令个人的观点更宽广与包容 • 优势：看到事物之间的联系，万物互为因果。又能从不同角度观察一件事以及看到不同观点间可能会有的任何重要共识 • 盲点：尚未观察到。由于这类心智的人很少，要完全理解他们非常困难。因此他们的想法有时会让其他心智没发展到如此高度的人感到不知所措、困惑

不同心智结构的领导者，接受他人观点的能力是不同的。《调适性领导力》的作者在书中提出领导者在处理某项事情或问题时，要学会抽离，就好比领导者参加一个舞会，舞台中央的活动就是事件中心。领导者若能够从舞池的活动中暂时抽身，尝试"站在阳台"去看待整场活动，这对领导者非常有帮助。所以要提醒自己，跳出自己身边的细节才能看到全局。但是这里还有一个隐藏点——不同心智结构者拥有着不同的"阳台"。你能够站在距离舞台多高的位置，取决于你目前的心智结构。你的观点会被自己所处的"阳台"高度所改变，个人视野开阔后，随即会产生新的观点，进而最终改变你对事情的看法。当你越往上走，它就离你越远。当你的心智结构成长时，你就会发现自己曾经认为的主要活动，现在只是舞台上所有活动的一小部分，当你的视野更加开阔时，当往下看舞台时，可能会对自己的反应多了一种新的看法，因此领导者首先需要了解自己的心智结构。

心智进化方向：向应对更复杂的世界迈进

该如何认识自己的心智结构，寻找成长边际呢？目前培训行业也有一些公司提供专门的心智测评系统，通过测评问卷与沟通反馈确认，帮助领导者初步理解和认知自己的心智发展阶段。《领导者意识进化》一书的作者提出基于成人发展理论的"主体—客体"访谈法（Subject-Object Interview，SOI），对心智发展阶段进行测量。这些测量不仅仅是提供一个心智发展阶段的分数，也会为领导者的人生意义建构提供一个窗口，让测试对象看见自己内部的窗口，同时也让测试者获得一层新的自我认识。

SOI：揭开心智结构的步骤

SOI（Subject-Object Interview）被称为"主体—客体"访谈法，之所以这样命名，是因为心智模式包含两个方面：一个是"我们拥有的"思想和情感，我们可以看见它们、采纳它们，犹如对待一个客体；另一个是"拥有着我们的"思想和情感（我们为这些思想和情感所控制，它们是主体）。人的心智复杂度处于不同层级时，对客体与主体的界限定义不同，更复杂的心智意味着能够看到更多的客体（把更多事物当作客体，包括自己），而盲点（所谓的主体）越来越少。如果我们想进一步提高自己的心智复杂度，就需要将自己的意义建构重心从主体向客体移动，明白我们的思维方式只是认知或意义建构的一种工具，是我们拥有这个工具——我们可以控制它、运用它，而不是这个工具拥有我们——我们被它掌控、被它运用。正如《荀子·修身》中提出："君子役物，小人役於物"，是我们去驾驭这个工具，而不是被这个工具驾驭。就像当前社会人与手机的关系，明明是我们人类在使用手机、驾驭手机，但是很多人已经被手机驾驭，如果一会儿不看手机就浑身难受，或者无论是否有目的，都会忍不住去点开手机看一眼，人似乎已经被手机控制了。我们的思维方式亦是如此，明明应该是我们去构建自己的思维方式，但是我们往往却被自己的思维方式控制，这就是我们心智进化的重要意义——拥有更多独立性，从被动变主动，从自然变自觉。

这里介绍SOI方法，通过分析过往工作生活的故事，帮助领导者对自我心智进行判断或分析。我们已经知道成人发展理论是关于意义（meaning）而不是故事（story）本身的理论，这也是它不易理解的一个原因。故事本身就像是心智结构所穿的衣服一样，你可以通过这个故事看到意义的轮廓、理出问题，以获得故事底层的意义，进而了解自己的心智结构。所以 寻找一个故事，然后写下来，一步一步地探寻，直到确定自己的心智模式。

步骤一：写下一个有张力的故事

你可以从任何故事中找出你的心智结构，但最好是你目前生活中所遭遇的事件，尤其是那些带有情绪的张力或是尚未解决的事情。确定你心智结构的关键并不在于故事里发生了什么事，而在于你如何理解这个故事以及这个故事对你的意义。自己是自己的反思对象，保持距离地去分析，从客观角度看待自己的情绪和意义。

针对这个故事，你可以提很多问题，但是请记住：不要关注故事本身而发问，而是关注故事背后的意义提出问题。首先从这个故事中搜寻出有关心智发展的关键标志：责任、矛盾、观点、选择与假设。因为这些议题比较容易帮助你将精力与兴趣投入在"推向对世界理解的边际"这个事情上，这些议题也是故事最凸显之处，例如：

- 你觉得自己需要为什么事情负责？哪些不用？
- 在故事里，矛盾的核心是什么，尤其是内在矛盾？

- 你可以接受谁的观点？你被谁的观点困住了呢？
- 塑造你的世界观的假设是什么？

步骤二：缩小选择范围

当你开始提问以协助自己厘清心智结构时，必须保持开阔的心胸，同时要假设心智可能是以我为尊、规范主导、自主导向或介于任何两个中间的阶段。当提出几个问题后，你会拥有足够的资料排除某些结构，再继续测试其他结构，不断地缩小范围。参考的问题如下：

- 对成功的内在看法是怎样的？
- 外在对你成功的看法又是什么？
- 你是否与自己认定的权威人士有过意见相左的时候？
- 那些不同的见解是你自己形成的还是主要来自其他人呢？
- 你有没有想过某某（自己曾经认可权威或信任的人）的想法其实也是错的？
- 你是如何形成那个想法的呢？

步骤三：用"最"的问题将原来的心智结构推向边际

我们不可能在提出第一个问题时就得到新的观点或找出心智结构。先不要做任何假设，想想你关于前面那个问题的答案，并再问一次自己相同的问题。再继续问下去，促使自己接近自己的发展边际，例如第一个问题是"如果在这里做错决定，最糟的情况会是什么"，第一个问题的答案是"做错了决定，我就偏离了自己职业生涯的方向，将导致我将来后悔"。然后就可以问第二个问题"偏离职业生涯后，最糟糕时会是什么状况"，第二个问题的答案是"我不知道自己为什么要偏离正确方向，不仅破坏自己的前途，也没发挥自己的全部潜力"。然后问第三个问题"破坏了自己的前途，也没发挥自己的全部潜力时，最糟糕的情况会是什么"，一旦问自己上述类似问题三次以上，你就可以做选择。不过还可以第四次问同样的问题，然后问自己一些对各种心智结构更具指向性的问题。一旦对自己的心智结构有一定的认识，就可以对自己提出一些新的问题，借以形成新的理解，同时决定自己可以如何发展下去。

因为心智结构是积累而成的，一个"自主导向"的人，必然会带有部分的"规范主导"，也会有一部分仍然是"以我为尊"。这就表示除非你能将理解推到"边际"，否则你就无法确定你看到的"规范主导"部分是否就是自己理解的复杂性的最大程度。此刻可借用前文在探寻使命时提出的"最"字法提问，在自己情绪处于不同状态时，例如正面的情绪（如有关某项重大的成功事件），或负面的情绪（愤怒或失去），或者是犹豫不决的情绪（如你尝试做一个决定），通过"问心"的方式，获得相关答案（见表 6-2）。

表 6-2　不同情绪下确定心智模式的提问参考

情绪状态	"最"字句的提问句型
正面	• 对你来说，这件事最好的方面是什么 • 你感到最开心的事情是什么 • 最好的结果是什么
负面	• 对你来说，最困难的部分是什么 • 你最担心或害怕的事情又是什么 • 这个事情最坏的结果是什么 • 如果你选择某个观点，你最害怕发生的事情是什么
犹豫不决	• 对你来说，这个决定最重要的部分是什么 • 错过此刻的决定，最糟糕的情况会是什么 • 对你来说，最大的风险是什么

步骤四：用新方式提相同的问题，以便获得更深的理解

对相同问题用不同的方式多问一次，即使让人感到不自然或者不舒服，也是非常有必要的。例如你想要判断自己是否具有"规范主导"心智结构时，因为几乎所有人都会在意他人的声音，所以就可以问自己"最大的恐惧来源是什么、他人的声音比自己的声音更重要吗"，还可以再问"关于名声这部分，你最害怕的是什么"。通过这样的问题，假如能帮你确定你的心智结构现在处于"规范主导"层次，并正朝着"自主导向"层次发展，那可能有更大的价值。虽然认识自己的心智模式不容易，但是我们仍然可以从自己经历冲突、做艰难的决定，又或是参与一个开心的活动等事迹中发现一二，从而对自己的心智层次多一些理解与包容，对未来走向多一些可能性假设。

ITC：变革免疫分析——心智突围

了解自己的心智结构只是第一步，更重要的是进化心智，向着应对更复杂的世界迈进。需提前申明的是，从一种心智结构向另外一种心智结构进化时，例如从"规范主导"向"自主导向"转变的过程，这并不意味着后者完全代替前者，而是后者逐渐包含了前者，然后深入认识和理解前者，在未来的很多时刻，领导者依然会使用原来的心智模式思考问题和提供方案，但是会在之前的基础上看到一些新的可能性。此外，有很多人是处于两个心智结构的中间地带，例如"规范主导"与"自主导向"心智结构的中间地带，是最常见的成人心智结构。

根据成人发展理论的描述，每个心智结构都有其优势和盲点，基于这些优势和盲点，我们可以找到往下一个心智机构进化时可能的进化方向

（见表 6-3）。

表 6-3 不同心智结构的进化方向

心智结构	进化目标	进化关键点
以我为尊	拓宽他的视野，同时让他认识到自己身处的系统比他之前所理解的系统更大、更复杂	通过提供具体的情景和范例，让他们有机会理解多种情景的复杂性；通过他人的想法，给予领导者为他人着想而使心智变宽广、得到协助的真实体验
规范主导	引导他的视角专注在自身的思考、想法和原则上；使他明白可以创造自己的经验、情境和反应，而不只是被动地拥有这些观念	提供机会使他们有时间或被允许去编写自己的核心想法。安排时间和空间让他们去寻找自己的道路，将内容和自己的体验联结起来，感受到自由，并鼓励调适，而不只是采用
自主导向	强化提升和扩大自主导向系统；开始认知到自主导向系统的限制以及与他人共创系统的需要，开启成长之路	反思自主导向系统，使它成为客体，决定它可以如何被延伸或提升。检视复杂或结构不佳的问题，充分理解自主导向系统不具备足够的复杂性，所以无法真正地牵引一个充满模棱两可和不确定的世界
内观自变	持续学习与成长，随着时间的推移，接受越来越宽广的视野	针对议题，为领导者提供探讨全方位边际的机会，和截然不同的人作比较，然后进一步审视众多观点

以上只给出了不同心智模式的可能成长方向，但是领导者个人在设定自己的心智成长目标时，还需要结合具体的情境，例如自我意识、驱动力、冲突化解、领导风格、与人互动、发展他人等方向。我们要结合这些具体的维度，去充分认识和深入理解自己当前的心智模式阶段，然后找到自己成长的方向或目标。

到底该如何进化心智呢？

心智模式的进化是一个需要持续修炼与修行的过程，与我们平时说的信息学习或知识学习不同，属于转化学习。信息学习或知识学习，是让人们理解一种新的内容，例如企业数字化转型，此时信息和知识就是重点需要学习的内容，我们可以让每个人通过同样的方式来理解这个内容，而且还能在某种程度上对每个人的学习成果进行评估或打分。转化学习是指让人们用新的思维模式来思考，例如权衡数字化转型时各种系统性的需求，转化某些事。而心智模式进化就是转化学习的过程，需要将从外面吸收的认知转化成内在的思考模式，然后指导我们日常行为的改进，这是一个从外到内，再由内及外的一个过程。

在《领导者的意识进化》一书中作者给出了一个简单的方法——"转化学习"，与前文提出的SOI一脉相承，通过"客体—主体"的不断转换，帮助自己跳出心智困境，让更多的"主体"转换成"客体"，不断减少自己的盲区。

转化学习方法与步骤如下。

（1）**"放在桌上"使之成为客体**。转化学习是协助促进"主体—客体"之间转换的过程。在这个过程中，领导者们要抽离事件本身，把事情摊在桌面上，围绕它四周走动进行观察、分析，再做决策。因为我们倾向于不去看自己被什么主体约束住，而是运用一些技巧让这些隐藏的事情变得比较客观。

（2）**好奇地仔细"围观"**。只是让问题浮现并不代表你就可以理解或用不同方式去处理它。重要的是从各个方面去看这个议题，并采纳不同的观点以及提出各种问题，从不同维度和角度去检视自己为什么卡在这里。

（3）**邀请他人来检视你的问题**。发现自己盲点的最好方式就是从他人那里获得反馈。反馈可以帮助你直面现实，看清真正的自己。有些人的确比其他人更能认清自己，但很少有人能够从别人的角度看清自己。这个世界上最好的礼物之一，就是那些真正关心你的人提出的反馈意见。直接面对那些和你不同，或抱持不同的假设、对策或方式思考问题的人，是认知自己观点的特别好的方法，同时要将它视为一个观点而不是真相。邀请多人来给出反馈，运用团体的多元特性让各种想法浮现出来，借机共同检验这些观点，也是非常有帮助的。

（4）不要只管做，要懂得暂停一下。转化学习打破常规的部分是避免提供解决方案和不要采取行动——至少在初期是这样的，太早产生解决方案有可能会阻碍潜能发挥。人们不仅需要时间好好定义问题，同时问题本身就具有启发性和益处。那些限制我们的事情，经常指向我们最可能成长的方向。如果我们只是简单地把问题放在桌面上，并没有对它感到好奇，这对我们的心智发展也不会有帮助。

（5）让议题留在桌面上，持续反思。我们通常会不自觉地忘记放在桌面上的议题，然后继续按照原来的方式行事。即使理解和注意到多重观点以及可能的多重选择后，持续反思仍然重要。将某一议题不断放在桌面上反思，这将协助我们学习和改变，进而转化成习惯和领导力，最终实现心智发展。

罗伯特·凯根与丽莎·莱希在成人发展理论的基础上，基于转化学习方法论，专门开发出变革免疫（Immunity To Change，ITC）分析方法，明确给出了心智进化和突围的一套技术。真北领导者可以利用ITC这套技术看见"改变为什么这样难"，并找到方法去打破变革免疫，这套方法不仅有更深入的原因分析，还能揭示挑战背后隐含的"情感生态学"。

变革免疫是指我们的思维，就像我们的身体一样，也有一套我们看不见的免疫系统，保护我们不受伤害。多数情况下，免疫系统都在巧妙地保护我们，可以拯救我们的生命。然而，有时我们的免疫系统会排斥身体内部或外界的新物质，类似于为了改善人们机体的健康状态而进行器官移植，人们的身体会排斥新器官。当我们需要采取新的观点或方案时，就像身体的免疫系统一样，我们大脑里的变革免疫系统，也会发出虚假的警报，阻止我们变革和改变，给我们造成困扰。此时，免疫系统不是在保护我们，而是给我们带来危险。

在工作中我们经常会看到有这一类情况：一些人非常努力、非常真诚地想要实现某个重要目标，可结果却怎么也实现不了。我们就会怀疑是变革免疫系统正在发挥它的破坏力。例如一位领导者，他的目标是成为一个能鼓舞人心、有感召力的领导者，激励下属做到最好。分析这个目标就会发现他此刻想成为一位教练型的领导者。当他开始努力实现这个目标时，却采取了一系列背道而驰的行为，他会事无巨细地告诉下属该做什么、亲自纠正下属的错误、对团队成员大喊大叫等，他的行为体现出他是一位指令型领导者。所以他所做的这一切，都违背了他想要成为有感召力的领导者的意愿。为什么会这样呢？在进行了变革免疫分析后我们会发现，他的潜意识中还有另外一个目标，就是成为客户心中能带来最大变化、最与众不同、最必不可少的顾问，能随时掌控一切。这个隐藏的目标与他表达出来的目标是相反的，正所谓"诚于中，形于外"，最终他呈现的行为确实与自己心中所想相反，因此获得的效果也是相反的。

变革免疫分析方法，通过精心设计的步骤，帮助领导者了解自己做了什么，为什么这么做，过往的经验如何影响到心智，又如何使得原先的成功经验成为阻碍发展的限制性信念，即变革免疫。只有当人们看清这些潜在的障碍时，才能逐渐摆脱桎梏，以更大的系统和更多的可能性看待人、事、物。

变革免疫分析方法的五个步骤（见表6-4）。

（1）改进目标：清晰地写出你想要的改进目标，作为自己的可见承诺。

（2）现实行为：写出那些与改进目标背道而驰的实际行为，分析是做得太多还是做得太少。

（3）隐藏承诺：导致人们不断重复前面妨碍性行为的原因，是隐藏的相互冲突的承诺，是自己内在的担忧和恐惧。

（4）大假设：列出那些你隐藏在承诺背后的大假设，那是自己认为的"真理"。

（5）实验测试：改进行动计划，通过实验颠覆自己的大假设。

表 6-4　变革免疫分析法

1. 改进目标	2. 现实行为	3. 隐藏承诺	4. 大假设	5. 实验测试
可见承诺	背道而驰的行为	恐惧/担忧 恐惧中的隐藏承诺	自己的"真理"	改进行动计划

步骤一：改进目标

要非常清晰地写出你想要的改进目标，作为自己的可见承诺。这个目标，应该是自己真正想要的，所以在设置时也应该有一定的要求。心智活动是大脑与心灵、思维与情感交融的过程。为了发展出更高的心智复杂度，我们在设定目标时应该选择最优冲突，也就是那些调适性挑战。最优冲突可以是生活中持久的挫折、两难矛盾、生活苦难、困境或个人问题等，这些困难恰当地让我们意识到自己的觉知方式有局限性，而当我们关注这些领域时，我们可以获得有力的支持，这些支持能帮助我们既不会被冲突击垮，也不会逃跑或者令冲突蔓延。通过调适性应对这些挑战（最优冲突），可以帮助领导者进化心智，应对更复杂的世界。例如一位领导者将自己的目标设定成"成为更好的倾听者",不是因为他不知道需要倾听或者不知道倾听的方法技巧,而是在他与同事或他女儿沟通互动时,他往往很难去耐心倾听对方,他曾经也尝试过改变自己的语调,给下属或孩子更多空间,也取得了一些暂时的改进,但是没过多久,旧有的行为又回来了,有时候还会更严重。这样的目标就是在应对调适性挑战(最优冲突)。

例如在一个高管心智进化的项目中,有一位高管(简称李先生)非常关心当前组织变革进展的话题,他期望自己能够打造一个更高效的、能推动变革尽快发生的组织,可现实是推动起来非常难,所以他决定给自己来一次心智进化之旅,看看到底是什么因素导致他求而不得。李先生就给自己选择了一个目标,即"打造善于变革的组织",并邀请同事帮助自己来确认是否有意义。领导与同事都给出积极反馈,所以他就认定了这个目标,开始自己的变革免疫分析过程。

在撰写了第一栏目标后(见表6-5),还应该对其进行检视和校正,确保这个目标对自己是至关重要的,是自己的一件大事,不然就会浪费时间或资源。有条件的话,在我们设定目标后可以邀请身边的人进行反馈,不仅仅是请周围同事进行360°反馈,更需要来一个包括生活中的关键人在内的720°反馈,例如我们的妻子或丈夫、知心朋友、老师等。让我们意识到,如果这个目标达成,对自己的工作和生活都有极大帮助。

表6-5 变革免疫分析法示例(一)

1. 改进目标	2. 现实行为	3. 隐藏承诺	4. 大假设	5. 实验测试
可见承诺 打造善于变革的组织				

设定目标可参考的维度如下。

• 这个目标对自己至关重要。在这个目标上取得显著进展，会对自己产生重大影响。

• 这个目标对周围的人至关重要。如果能够在这个目标上进一步提高，别人会认为自己非常有价值。

• 这个目标的完成主要与自己有关，需要提高的领域是关于自己，而不是关于其他人要如何改变或如何行事，不设外在条件。

步骤二：现实行为

写出那些与改进目标背道而驰的现实行为，看看对实现这个目标来说，自己是做得太多还是做得太少，我们把它们称为妨碍性行为。这些妨碍性行为提供了真相的入口，这个真相不仅仅关乎"事情本身"。因为我们关注的不是怎么矫正这些行为，而是这些行为背后隐藏的真相。

在我们设定目标时，相信大家绝对是真诚、坚定地想成为那样的人。例如每次当你觉得需要减肥时，或者每年设定新年目标时，我相信你是真心实意地想做这些事，但是经验告诉我们，光靠决心是无法实现目标的。这里需要提醒的是，我们进行变革免疫分析，不是要揭穿言不由衷的承诺，不是为了揭开某个人的真实面目。我们想改变，却失败了，并不是因为我们不真诚，也不是我们不想要这个目标，而是除了这个目标以外，还有一个隐藏的目标。这个可见的目标想要我们改变，另外一个隐藏的目标想要我们保命。就像是一只脚在踩油门，另一只脚却在踩刹车，整个系统中有巨大的能量在流动，但是能量流动的方向不同，这辆车就很难启动或前行。设想一下，如果我们能够稍微改变一下能量流动的方向，让它们都向着实现目标的方向努力，可以想到将会释放出多大能量，又可以做成多少之前想做却做不到的事情。

步骤一中提到的李先生，他在确定了自己的改进目标后，就开始深挖自己的日常行为，想找出到底是什么事情正在阻碍自己达成目标。例如他分析到自己其实并没有从内心深处真正地接受公司的新战略，表现为不配合公司战略开发客户。此外，自己也没有去思考或关注团队人才梯队的建设、团队成员是否能够支持公司的新战略等，通过回忆和分析自己的行为，他将相关的内容一一写下来（见表6-6）。

表6-6 变革免疫分析法示例（二）

1. 改进目标	2. 现实行为	3. 隐藏承诺	4. 大假设	5. 实验测试
可见承诺 打造善于变革的组织	背道而驰的行为 • 不配合公司战略开发客户 • 没有提前规划人员梯队 • 没有针对长远战略目标调整组织架构 • 陷入眼前工作任务，没有根据长期目标做规划 • 不敢做人员调动			

在描述这些背道而驰的行为时，我们尽可能坦诚，甚至可以勇敢地听取他人的反馈意见，例如挑选几个信任的人，问问他们观察发现是哪些行为阻碍着你实现目标。诚如爱因斯坦所说："正确描述问题与发现问题的解答一样重要"。所以我们在描述背道而驰的行为时，也是有阐述标准。

描述行为时可参考的维度如下。

- **描述的行为越具体越好**。此刻需要区分并确定描述出来的是外部表现行为，而不是内在的感受或心理状态。例如不适合写"我变得不耐烦"，而应该写"因为不耐烦，我正在做什么事情或者没有做什么事情"，如"我会随意打断别人讲话""我开始做翻看手机或电脑"等。

- **描述的条目越多越好。**此处填写的条目越多，说明你的态度越坦诚，后面诊断的效果就越显著。这样做的目的不是让你丢人或难堪，更不是挖掘你的缺点，不久你就会发现，测试表中第2栏的内容越丰富，你最终的收益就越丰厚，所以请尽管深入探究，完全剖析自己。

- **确保测试表第2栏的行为都对第1栏的目标起阻碍作用。**我们肯定也做了一些事情来支持测试表第1栏目标的实现，但这不是第2栏的本质内容，我们的目标不是为了寻求平衡，而是揭示哪些事情或行为正在对实现第1栏的改进目标起着意想不到的破坏作用。所以我们不需要着急去解释为什么会有这些行为，只是将行为本身写出来即可。

步骤三：隐藏承诺

究竟是什么原因导致人们不断重复前面的妨碍性行为？是"隐藏的相互冲突的承诺"，是你的担忧、你内心的恐惧以及这些恐惧背后的隐藏假设。这些承诺限制、束缚着人们，而大多时候人们都完全意识不到它们的存在。要通过分析将那些控制人们的担忧和恐惧的内在因素显示出来，就像一台X光机器一样，将内在图谱显示出来。

变革免疫系统是一种有智慧的力量，它保护我们，有时甚至会挽救我们。所谓发展就意味着会同时激活大脑与心灵的活动，即思维与情感的活动。每个调适性挑战在触碰我们的思维定式的边界，而我们的思维定式一定反映着我们看待世界时的感受与思考。正如我们前面描述人类大脑有"本能脑、情绪脑、理智脑"，我们的大脑需要在这三者同时发出指令时工作。因此要关注在每个行为的背后，我们的情绪和本能是什么。恰恰是这样的情绪和本能需求，阻碍着我们前行。凯根教授基于20多年的研究给出了两个重点维度：恐惧和焦虑。恐惧是在某个行为背后，我们最大的担忧或最大的害怕是什么。我们需要基于测试表第2栏的行为去分析每一项恐惧是什么。然后分析这份恐惧背后我们的焦虑是什么。这个焦虑系统高效运转既保护我们，帮助我们取得了现有成就，也让我们付出了相应代价。它带来了盲点，阻碍新的学习，局限着我们的行动，甚至阻挠我们实现那些我们真诚地希望发生的改变，阻碍我们达到更高层级的心智水平。那么我们该如何突破这个窘境呢？

首先，我们需要明确，既想保留现有免疫系统，又想实现测试表第1栏中写下的改进目标，那是不可能的。其次，并不是要解除所有恐惧或焦虑系统，人总是需要某些焦虑管理系统的，我们需要认知到：并不是改变带来了焦虑，而是我们在面对危险时觉得自己没有防护措施的感受带来了焦虑。不是改变本身让我们焦虑，而是知道困难就在眼前却无能为力的那种感觉让我们焦虑。最后，免疫系统是可以被颠覆的，被限制得太紧的焦虑管理系统可以被一个更广大的具有拓展性的系统替代。

李先生继续他的变革免疫分析，根据测试表第2栏的每项行为，分析出其背后的内在担忧以及深层恐惧。例如他为什么不愿意配合公司战略开发客户，是因为他担心这样做会影响本事业部的业绩达成水平。通过对每一条行为进行一一对应的分析，找到自己内在的担忧和恐惧。然后进一步分析自己的担忧和恐惧背后隐藏的假设和观点是什么。例如针对"会影响本事业部的业绩达成水平"这个担忧，自己有一个假设就是"绝不能完不成业绩目标"。这个隐藏假设看起来好像还挺不错，完成目标不是很正当、很应该的选择吗？但是这背后还有什么是我们没有看见的呢？这就需要进一步分析（见表6-7）。

表 6-7　变革免疫分析法示例（三）

1. 改进目标	2. 现实行为	3. 隐藏承诺	4. 大假设	5. 实验测试
可见承诺 打造善于变革的组织架构	**背道而驰的行为** ・不配合公司战略开发客户 ・没有提前规划人员梯队 ・没有针对长远战略目标调整组织架构 ・陷入眼前工作任务，没有根据长期目标做规划 ・不敢做人员调动	**担忧/恐惧** ・会影响本事业部的业绩达成水平 ・我担心人员进来以后没有时间培养，从而拉低了人效 ・当下目标无法完成 ・短期目标没有达成 ・担心他/她不愿意而离职 **恐惧中隐藏的承诺** ・绝对不能完不成业绩目标 ・绝不能允许人效太低 ・绝不能完不成当下目标 ・绝不能达不成短期目标 ・绝不允许有效的员工离职		

在填写测试表第 3 栏时，内容包括两个部分：一个是基于测试表第 2 栏行为背后的担忧或恐惧；另一个是这个担忧或恐惧背后隐藏的承诺是什么。在写完第 3 栏后，就能清楚地看到我们一只脚在踩油门，另一只脚在踩刹车的做事方式，看见自己的重要目标是如何被自己的核心矛盾"搞砸的"。因此在撰写时需要检视内容是否足够有启发性，有足够的启发性测试才能继续有效进行。

撰写隐藏承诺可参考的维度如下。

● 用"最"字思考方式，写出恐惧和担忧。根据测试表第 2 栏的每一项行为，试想自己做与此相反的事情时，最令自己感到不舒服、不安或恐惧的是什么。"哎呀"和"糟糕"的感觉非常重要，我们需要确定那种真实的厌烦感，可以问自己"对我来说，这件事最糟糕的结果可能是什么"。

- 找到可能的相互冲突的承诺。我们在分析测试表第3栏时，真正的内容不是这些担忧或恐惧，而是它们隐藏起来的相互冲突的承诺。每一项恐惧或担忧都能转换成一个承诺，例如将"我担心我会看起来很愚蠢"转变为"承诺别让自己看起来很愚蠢"，或者将"我害怕失去信用"转变为"我承诺不去冒可能失去信用的风险"。我们会不断用这个承诺去指导自己，然后做出测试表第2栏的行为，从而偏离了第1栏的改进目标。

- 构建完整、统一、连贯的图谱。当我们在撰写前面这两点时（恐惧和隐藏承诺），如何才能保证这些条目是有效或有启发的呢？那就是让我们的前3个栏目，即免疫系统的X光片，看起来是一个完整、统一、连贯的图谱，而不是一串不相关的问题组成的笔记，因此我们可采用一一对应的方式去分析。

步骤四：大假设

写出测试表第4栏的大假设，即列出第3栏中隐藏承诺背后的假设。变革免疫系统是一个包含多个维度的系统：第2栏的变革阻碍系统阻碍了挑战性抱负的实现；第3栏的感受系统对焦虑进行管控；第4栏的认知系统对现实处境做出理解（如图6-1所示）。

第4栏的假设，是我们理解自身、理解世界、理解自己与外界的关系的方式，这是我们的认知。为什么要把它们称为大假设？因为这些假

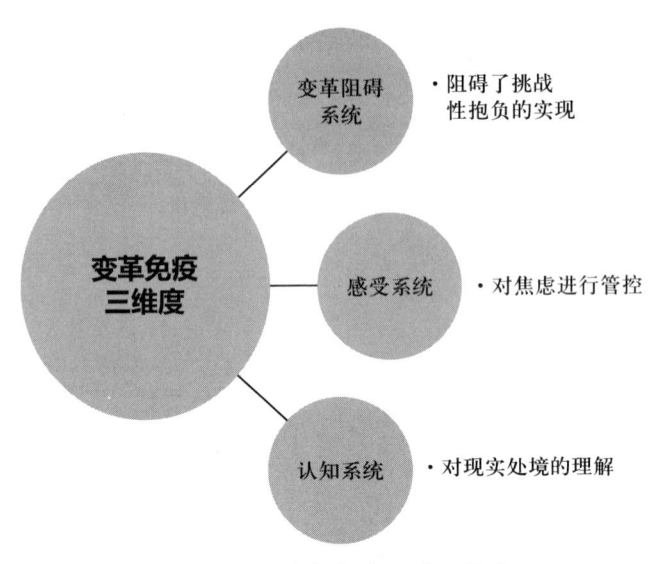

图 6-1　变革免疫系统的三维度

设大到我们不再把它们看作"假设",而是想当然地认为它们就是真理。这些假设可能是真理,也可能不是。由于我们把它们看成天经地义、理所应当,这些假设就成为我们的盲点,我们不会去质疑这些假设。就像第3栏中相互冲突的承诺一样,大假设通常是难以看到的,若想显现一个假设,需要将它从"主体"转移到"客体"。当我们有勇气去检验自己的大假设并尝试修改时,就不仅可以将我们从当前的免疫系统释放出来,还能帮助自己开始形成一种更复杂的心智结构,从而实现心智突围与进化。

在撰写大假设时,我们需要仔细观察和分析第3栏的承诺,然后尽情发挥想象,思考拥有此类承诺的人可能持有的所有假设。写完后检视内容条目是否有利于帮助我们去突破。

撰写大假设可参考的维度如下。

- 尽可能写出能想到的所有大假设,无论其是否符合事实。我们写出来的大假设，有些符合事实，有些一眼就能看出来不符合事实，有些不能确定是否属实。但是我们总会以某种方式感觉到自己所列举的每一项大假设都属实，而自己可能是正确的。在我们没有检验这些假设之前，无法确定它的真伪。你的大假设证明你正将自己限定在屈指可数的房间中，而人生的大厦有无数个房间，因此要尽可能多形成大假设。

- 大假设与前面3栏形成一个整体。将一组大假设视作一个整体，它们导致了第3栏的隐藏承诺，这些隐藏承诺引发了第2栏的行为，这些行为阻碍了第1栏目标的实现。因此我们需要检视这些大假设是否与前面3栏形成了一个连贯的整体。

- 大假设是我们向着更宽广的世界行进的警告语。大假设揭示了一个直到现在你还不允许自己冒险进入的更大世界，你已经看到自己的大假设如何在这个更宽广的世界门前设置了一个警告标志：危险，勿入！而这些所有的警告都是恰当的，也确实应该注意和警惕。完成这一步骤后，你应该能够感到自己的免疫X光片是发人深省、清晰明确的，至少能引起自己的兴趣。

听完大假设的原理后，李先生继续他的变革免疫分析，在第3栏的基础上去剖析自己，看看自己如何去理解这个世界、这个事情。当一一对应地分析时，他发现了自己的大假设、自己的"真理"。例如，他不配合公司战略开发客户，是因为担心本事业部的业绩水平受影响，而他绝不允许达不成业绩目标，否则他就会觉得自己是一个失败的领导者，所以他不能按照自己想要的目标去努力，还会出现阻碍目标实现的行为（见表6-8）。

表 6-8　变革免疫分析法示例（四）

1. 改进目标	2. 现实行为	3. 隐藏承诺	4. 大假设	5. 实验测试
可见承诺 打造善于变革的组织	背道而驰的行为 • 不配合公司战略开发客户 • 没有提前规划人员梯队 • 没有针对长远战略目标调整组织架构 • 陷入眼前工作任务，没有根据长期目标做规划 • 不敢做人员调动	担忧/恐惧 • 会影响本事业部的业绩达成水平 • 担心人员进来以后没有时间培养，从而拉低了人效 • 当下目标无法完成 • 短期目标没有达成 • 担心他/她不愿意而离职 恐惧中隐藏的承诺 • 绝不允许完不成业绩目标 • 绝不允许人效太低 • 绝不能完不成当下目标 • 绝不能达不成短期目标 • 绝不允许有效的员工离职	自己的"真理" • 假如目标达不成，我就是一个失败的领导者 • 假如人效太低，未来我会是失败的管理者 • 如果完不成当下目标，组织就会失去信心 • 没有达成短期目标，我将无法成为合格的管理者 • 如果核心员工离职，我就是失败的管理者	

步骤五：实验测试

完成前面 4 个步骤后，你应该能够感到自己的免疫 X 光片是发人深省、清晰明确的，至少能引起自己的兴趣。那么怎么才能打破或穿越自己的变革免疫呢？我们可以设计一个实验测试，帮助我们了解当我们有意改变常规行为时会产生什么结果，然后反思这些结果对大假设的意义。针对调适性挑战的转化学习，我们一定要明白，进行测试的目的不仅仅是完成测试中的特定活动。我们需要收集有关这次行动结果的数据，然后分析、解释这些结果，以确认或修改我们的大假设。

首先，选择想要测试的大假设。

选择大假设的标准如下。
- 哪个大假设最妨碍你前进？
- 哪个大假设的改变会对你产生最大、最积极的影响？
- 这个大假设是否具有灾难性，以至于你永远无法拿来测试？如含有死亡、解雇或精神崩溃等，这些很重要，但还未成熟到可以拿来测试。
- 你的假设可收集信息或数据吗？可证伪吗？

其次，设计大假设的实验，并开始实施。

在设计该项假设的试验时，首先问自己：什么行为改变可以帮助你提高大假设的准确有效性？在执行过程中需要收集什么数据和信息？可根据设计指导表进行操作（见表6-9）。

表6-9 大假设测试的设计指导表

模块	内容
1. 想要突破的大假设（选择一个恰当的假设主题）	
2. 近期突破该项假设的机会（结合现实寻找试验机会）	
3. 在行为上做出的改变（写出改变的行动计划）	
4. 试验过程的数据收集（可帮助证伪或证实大假设的数据，即实际行为及过程中发生的事件）	

续表

模块	内容
5. 试验成果 （试验的结果，证实还是证伪）	
6. 试验过程的复盘和反思 （从中学到了什么）	

当自己尝试几轮后，如何判断自己该何时结束测试，以及如何维持自己的进步？我们可以根据"确认陷阱并逃脱"的路径来分析和判断。当你进行到这一步时，你一定度过了"有意识地免疫"阶段。因此我们可使用"有意识地逃脱"和"无意识地逃脱"这样的描述（如图6-2所示），考虑自己目前处在哪一个阶段，再对大假设进行多次测试，以便增加持续成功的可能性。

无意识地免疫
↓
有意识地免疫
↓
有意识地逃脱
↓
无意识地逃脱

- 有意识地逃脱：测试你的大假设并探索大假设在何种条件下有效和无效，这是发展的关键。当你能够按照新发现采取行动并解释大假设时，意味着你正展示新能力，即从大假设束缚中有意识地逃脱。这需要刻意训练，因为人们经常会溜回大假设模式
- 无意识地逃脱：当你不必再为了中断大假设而停顿、思考以及计划时，你就拥有了无意识地逃脱能力，类似于形成了肌肉记忆。在这个过程中，新的信念和领悟已经取代了大假设

图6-2 从"无意识地免疫"到"无意识地逃脱"

通过分析自己的大假设在什么条件下起作用、在什么条件下不起作用、自己利用那种技巧来逃脱大假设并将自己拉回旧有模式等，我们再次判断自己所处的免疫阶段，并判断是否继续进行下去。如果已经确定完成"确认陷阱即逃脱"训练，可以再思考一个问题：对自己达成如此有挑战性的目标的过程中取得的成就有何感想？当这个大假设试验完成后，就可以开展其他假设的试验，甚至还可以将这一方法作为自己终身变革或学习

的方法。

变革免疫分析方法给我们呈现出那些我们一般很难看到的内在状态,而这些不可见的思维状态控制着我们的行为,这些行为阻碍了我们达成那些个人和组织期待的美好目标。领导者采用变革免疫分析方法能够挖掘自我的内在假设,并设定颠覆性的信念和假设,再通过安全、小规模,甚至是隐藏的方式来展开自我试验,逐渐验证这些颠覆性的观念是否成立,是否对自我、团队和业务有利,是否在未来工作中可以利用。人每天都会做自私和轻率的事情,也会做善良和慷慨的事情,有时,人们甚至不会注意到这两者的区别。你的心智结构塑造了你的世界观,影响你对每件事情的看法与想法。阳明先生在《大学问》中说:"大人者,以天地万物为一体者也。其视天下犹一家,中国犹一人焉。若夫间形骸而分尔我者,小人矣。"他指出《大学》是大人之学,是帮助我们从"小人"变成"人大",从"大人"变"君子"的学问。在"长大"这个过程中,我们不仅仅需要向外求,更需要向内求,最后实现内外平衡,构建中道生命整体观。而在向内求的过程中,我们的心智得到不断的修炼与螺旋上升,因此在我们的成长过程中,心智的训练必不可少。

此外,领导层级越高,对心智复杂度的要求就越高。当领导者晋升到更高职位时,他不只是获得了更高的头衔,也必须管理更大的规模和范畴,所以他必须提升对更复杂情景的处理能力,提升自我的复杂度。可是领导者的心智结构不像他的身份名片一样转变得那么快。所以领导人需要帮助,增加自己的心智带宽,以便处理更多复杂的事情。

但是心智发展并不是冲向终点的赛跑,不会因为你成为一个"内观自变"的人而得到奖杯,它是我们生命的旅程,是我们看见自己和重新发现周围世界的方式。相较于前一个结构,每个心智结构都是在意义建构或复杂性上质变的结果。我们并没有摒弃在之前的心智结构下所习得的知识与智慧，相反，我们是转化了看待世界、了解世界的方式。心智结构虽然会随着时间的推移变得越来越复杂，但这并不等于它们本身较其他心智结构系统更为优越，心智结构处于不同层级的人都可以是好人或恶人、正义的或不正义的、有道德的或不道德的。因此我们无法只根据对方心智结构所在的位置而判定一个人的用处、价值和好坏。更重要的是心智结构与任务之间的匹配程度：那个人是否具备足够复杂的心智去执行某个任务。例如大部分企业中的基层管理者只需要到"规范主导"心智阶段就行，即在企业所给的流程和框架中，把该完成的任务按时保质保量地完成。但是，当基层领导者成为中层领导者之后，只有服从上级命令的执行力就不够。因为中层领导者的重要功能是，向上承接组织的战略，向下把这些战略拆解成战术、具体的任务项目，让团队成员去完成。所以，中层领导者的心智复杂度，不仅需要"规范主导"心智寻求外在指引，更需要"自主导向"心智独立思考。作为高管，不仅要看到自己作为领导者需要什么，更应该看到组织需要什么，甚至组织以外的整个生态需要什么。所以，随着领导层级的不断上升，随着领导者角色的改变，领导者的心智复杂度也需要相应提升。

本章小结

[1]理解心智结构的方法：SOI方法，即"主体—客体"访谈法。

- 步骤一：写下一个有张力的故事。特别是那些带有情绪的张力或是尚未解决的事情。但是请记住：不要关注故事本身而发问，而要关注故事背后的意义提出问题。

- 步骤二：缩小选择范围。当你开始提问以协助自己厘清心智结构时，必须保持开阔的心胸，同时要假设心智可能是其中的任何一个，不断缩小范围。

• 步骤三：用"最"的问题将原来的心智结构推向边际。采用"最"字提问法，在自己情绪处于不同状态时，通过"问心"的方式获得相关答案。

• 步骤四：用新方式提相同的问题，以获得更深理解。对相同问题用不同的方式再多问一次，即使让人感到不自然或者不舒服，也是非常有必要的。

［2］心智进化的方法：ITC方法，即变革免疫分析法。

• 改进目标：清晰地写出你想要的改进目标，作为自己的可见承诺。

• 现实行为：写出那些与改进目标背道而驰的实际行为，分析是做得太多还是做得太少。

• 隐藏承诺：导致人们不断重复前面妨碍性行为的原因——隐藏的相互冲突的承诺，是自己内在的担忧和恐惧。

• 大假设：列出那些隐藏承诺背后的大假设，那是自己认为的"真理"。

• 实验测试：改进行动计划，通过实验颠覆自己的大假设。

第三部分
团队真北领导力篇

所谓治国必先齐其家者，其家不可教而能教人者，无之。故君子不出家而成教于国。孝者，所以事君也；弟者，所以事长也；慈者，所以使众也。《康诰》曰："如保赤子。"心诚求之，虽不中，不远矣。未有学养子而后嫁者也。一家仁，一国兴仁；一家让，一国兴让；一人贪戾，一国作乱。其机如此。此谓一言偾事，一人定国。尧舜帅天下以仁，而民从之；桀纣帅天下以暴，而民从之。其所令反其所好，而民不从。是故君子有诸己而后求诸人，无诸己而后非诸人。所藏乎身不恕，而能喻诸人者，未之有也。故治国在齐其家。

——《大学》

第七章　团队"真北"：方向一致、上下同欲

"治国在齐其家，齐家在其修身"。前面几个篇章是帮助真北领导者"修己"，即自身发展，而后就需要真北领导者"安人"，即带领团队发展。在第一章我们给出了真北领导力的概念，即"真北领导力是指领导者基于一个长远的目标，用真诚的领导方式，激发出自己与周围人的内在激情和动力，追求长期价值发展，为所有利益相关者创造价值，且服务于社会的能力"。真北领导力的三层含义中，第二层含义就是："他亲民，深具使命感，善于建设上下同欲的团队，能激发团队持续进化，实现共同目标"。这是真北领导者在团队"真北"维度的核心内容。

如何衡量真北领导者创建的团队是不是一个高绩效的团队？有两个标准：团队努力的方向是否一致，团队是否上下同欲，即是否拥有共同目标。这是真北领导力在发展团队时的关键作用。

在大部分组织中，结果被不同部门分割开来，高管们认为自己对部门外的目标只负有很少的责任或没有责任。要想让一个团队成为高效的团队，并实现最大的产出，唯一的方式是确保每个人都关注同样的事情，朝着同一个方向努力。正如华为一直倡导的价值导向是"力出一孔，利出一孔"，其中就有两个导向非常清晰，一个是打造共识，即核心团队必须有战略上的一致性，有共同的目标；另一个就是组织能力支持共同目标实现，即组织架构、人员安排、考核标准和制度保障都有助于实现共同目标。

现实中有很多案例却是相反的情况，团队成员并没有把团队或组织最终成果与自己的成果看成一个整体，有时甚至认为那是两个弱相关的部分。例如在一次失败的篮球比赛中，其中一位球员说："我并不觉得我们输了，我们整场比赛拿下了88分，在进攻端，我们是完成了最初的目标。实际上这场比赛是防守球员输了，他们是失败者。"看到这个案例，你是否觉得这个想法很荒谬？荒谬的不仅在于他忽略了"同一个球队，同一个得分"，而且在于他忽略了球场上每名队员都要防守，尽管处于球场的不同位置，甚至前锋都要扮演给对方的防守队员设置障碍，使他们难以组织进攻，从而防止对方球队得分的角色。但是在现实中很多团队成员似乎不知道自己花费时间、精力和资源的方式能够影响组织的整体表现。他们的态度就好比坐在船这一头对另一头的人喊："喂，你那头正在下沉。"优秀的团队会确保所有成员都尽最大努力帮助团队实现目标，无论他们各自的责任和专长是什么。这意味着他们需要主动询问其他部门的情况，并尽所有可能帮助面临困难的部门，因为这些困难可能危及整个组织的成功。因此领导团队最重要的职责应该是帮助大家建立共同目标。如果组织最重要的目标是增加销量，那么它就是团队中每个成员共同的目标，而不只是销售负责人的目标。在一个凝聚力强的团队中，没有人会说：我该做的都做了，我们的失败不是我的责任。虽然我们需要分工和专业知识，但谈到管理更大组织的重要事项，领导团队的成员必须把他们的目标看作大家共有的。

共同目标：打通团队的信息流与能量流

如何才能将团队目标变成大家的共同目标呢？

帕特里克·兰西奥尼在《优势：组织健康胜于一切》一书中提出打造组织清晰度，保持内部的一致性，不要给混乱、无序和内斗留余地。可现实中很多组织管理者抱怨组织内部缺乏一致性，大部分情况是把原因归结为行为或态度问题。在他们看来，这是由他们手下员工不想合作的事实造成的。这些高管没有意识到如果上层领导者在一些非常具体的事情上步调不一致，即便员工愿意合作，组织中也不可能有深层次的一致性。如果员工得不到明确、一致的信息，他们就无法充分履行其职责。对员工来说，最令人沮丧的事情莫过于在领导层的不一致造成的办公室政治和混乱中挣扎。因为领导团队成员间的一点点分歧都会给下级或下级的下级造成困惑和不知所措，这被称为"涡流效应"。想要组织和员工保持一致性，就需要领导者在如下六个问题上达成一致：

1. 我们为什么存在？
2. 我们该如何行事？
3. 我们做什么？
4. 我们如何实现成功？
5. 目前最重要的是什么？
6. 谁必须做什么？

如果领导团队的成员能够对这些根本问题做出明确、一致的回答（不使用术语和客套话），他们就能够大大提高组织的一致性，帮助员工理解组织，将组织目标与自己的目标联结，形成共同目标。而在这个过程中，最重要的是打通团队的信息流和能量流。

打通信息流：确保方向一致

想要团队拥有共同目标，还需要具备两个前提，那就是共同愿景和共同使命。

共同愿景是由团队成员共同设想出的未来的美好样子，即未来成功画面。例如"让团队共同思考10年后你期望这个团队获得什么伟大成就""如何判断自己已经实现共同愿景""当实现共同愿景时你的感受是什么"等类似的问题。可采用前面介绍的儒门正坐或U型理论介绍的静思方法，去思考和回答这些问题，问题的答案越具体越好，然后在团队中研讨、分析，最终形成共同愿景。

共同使命是团队成员为了共同愿景而选择的要做的事情，即需要承担的重大任务和责任。如何确定我们的使命呢？可采用第五章使命探寻篇章中介绍的使命探寻方法，在共同愿景的指引下，找到个人使命与组织使命的结合点，然后再通过团队研讨、分析，形成共同使命。

共同愿景和共同使命融为一体，就可以回答"我们为什么而存在"的问题。共同目标是我们在实现共同愿景、践行共同使命道路上的一盏盏明灯，指引着我们前行，当每走过一盏明灯时，我们就知道自己离共同愿景更近了一步。

通过对目标的制定、分解和执行，我们回答了"我们该如何行事""我们该做什么""我们如何实现成功""目前最重要的是什么""谁必须做什么"这几个问题，有助于打通团队的信息流。

《高效能组织领导力》一书中给出了一个OGSMPRE模式，通过目的、目标、策略、衡量、计划、资源、执行这七个环节（如图7-1所示），实现团队方向一致，帮助团队将战略落地到业务体系，打通团队信息流。

方向一致 = 目的 objective × 目标 goal × 策略 strategy × 衡量 measure × 计划 plan × 资源 resource × 执行 execution

图7-1 打通信息流的七个环节

从组织层面来看，目的"O"指的是一个组织所要前进的方向，一般包括愿景、使命、战略目标和年度经营成果。从团队层面来看，目的"O"是指实现目的时所看到、听到和感受到的愿景，以及一个团队在达成愿景的过程中由组织所赋予的使命。

最高层对目的"O"的理解一致性及信心如何？是否能够清晰并精准地表达出来？团队管理者及成员对目的"O"非常清楚并高度认可吗？这都直接影响着目的"O"的实现速度。所以需要团队领导者花一些时间，一起来思考。回答这些问题需要时间，至少需要几天时间想出答案，然后在接下来的几周时间里完善答案，并坐在一起讨论答案，确保领导团队的所有成员都理解它们的含义，并达成一致意见，这一点非常关键！答案没有对错之分，谈到确定一个组织的方向，谁能说得清对错呢？毕竟实现目标的方法不止一种。重要的不是得到正确答案，而是得到一个方向上正确、所有团队成员都能认可的答案。

有人说"目标不是用来实现的，而是用来凝聚人心的"，这充分反映了目标的指向作用、激励作用和凝聚作用。指向作用是说明确的目标可以帮助组织成员确定具体要努力的方向；激励作用是指明确的目标可以让组织成员清晰地知道经过努力之后可以获得满足的程度；凝聚作用是指当团队在追求目标的过程中遇到困难与挑战时，明确的目标可以让团队的力量凝聚到同一个方向。不过为了让目标发挥更强的指引作用，依然需要重视它的衡量作用，即目标的完成情况可以用来衡量团队追求的阶段性成果和最终的成果，所以目标的制定要符合SMART原则（Specific，目标是具体的、明确的；Mesurable，目标是量化的、可衡量的；Achievable，目标是可达成的，中等难度的目标最能激发团队成员的工作动机；Relevant，战略目标应该与愿景、使命等高度关联，各个团队目标应该与公司战略目标紧密关联；Time-bound，目标应具有时限性）。

我们的目标越清晰，团队成员就越容易将注意力聚焦；注意力越聚焦，就越容易找到最佳路径实现目标。因此，越符合 SMART 原则的目标，实现的速度越快。但是在制定目标的过程中，我们不能只依靠 SMART 原则，还应该有两个核心前提：第一，这个目标能够激发团队成员的内在动机；第二，这个目标是客户导向，是为了给客户创造价值。拥有了这两个前提，就从根本上确保了团队目标具有可持续发展的要求。

制定出目标还不够，还需要将目标转变成共同目标，这就需要我们判断这个目标的共同程度的指数。从显性维度来看，在制定目标的过程中，大家参与研讨、发表意见的程度和参与决策及支持的程度越高，我们制定出来的目标的共同程度就越高。从隐性维度来看，可以用测试题目调研收集反馈意见，例如你认为公司的使命是什么？你对使命中的 XXX 的理解是什么？你认为公司的愿景是什么？你对愿景中的 XXX 的理解是什么？你认为公司/团队的目标是什么？你对目标中的 XXX 的理解是什么？你认为工作目标在什么时间可能实现？等等。通过对团队成员进行调查和收集并分析反馈意见，来判断目标的共同程度。

目标的共同程度越高，说明团队共同目标基本上达成了共识；目标的共同程度越低，说明团队共同目标并没有形成广泛共识，此时需要继续在这个维度发力，保证组织和团队的一致性，打通信息流，进而再将目标往下分解执行。

打通能量流：确保上下同欲

用一个形象的比喻来说，达成共同目标相当于打通一个人的任督二脉，其中任脉代表信息流，督脉代表能量流。打通团队的信息流只能算是达成共同目标的一半，确保大家方向一致；而打通团队能量流是达成共同目标的另一半，确保上下同欲。打通信息流的关键就是团队信任关系的建

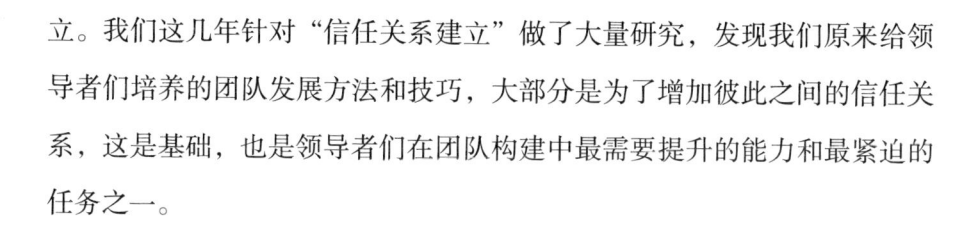

立。我们这几年针对"信任关系建立"做了大量研究，发现我们原来给领导者们培养的团队发展方法和技巧，大部分是为了增加彼此之间的信任关系，这是基础，也是领导者们在团队构建中最需要提升的能力和最紧迫的任务之一。

信任：打通团队能量流的基础

组织文化与领导力大师埃德加·沙因和彼得·沙因认为现代社会中任务的复杂性呈指数级增长，一个人想要积累足够的知识解决所有的问题，几乎是不可能的。相互依赖和不断变化成为一种常态，而谦逊将成为面对这种复杂性的一种关键生存技能。当前的管理文化是目光短浅、存在盲点的，且通常会适得其反。更多的时候，问题不是出在"点"（个人）上，而是出在互动（关系）中。随着偶然事件和交叉互动的指数级增长，我们在很多组织中看到一种深层的顽疾，最明显的表现为向上和向下沟通的不断失败，反映了组织上下层级之间的漠不关心和缺乏信任。组织基业长青，其核心在于人们在各种不同的关系中，以社会化、情感性和合作性的整体人性进行互动。所以沙因提出一个新型的领导力——谦逊领导力，这是从关系角度看待领导力，是一个关于文化与团队动力学的理念。谦逊领导者绝不是把团队召集起来打打鸡血，然后就消失，直到下一次需要打鸡血时再出现。谦逊领导力无意取代其他的领导力模式，比如公仆式领导、变革型领导、包容性领导。从某种意义上来说，谦逊领导力是所有这些领导力模式取得成功所需要的一种过程、一种底色。

谦逊领导力根据个人化程度的不同，把关系分成四个层级（见表7-1）。谦逊领导力认为应该将工作关系发展成2级，即建立在团队成员或团队与团队之间更个人化的关系基础上，与更个人化、更加信任和开放的文化紧密联系的一种模式。在 2 级关系中，传递的信息是"我看到你"。这不一定意味着"我喜欢你"或"我想成为你的朋友"，或者"让我们的家庭一起相处"。而是通过我的语言、举止让你知道，我看到你的整体存在，而这段关系中，我们一起合作，彼此依赖，我们试着信任彼此，并且试着不只是把对方看作一个合作的员工或同事，或团队成员，而是一个完整的人。

表 7-1 谦逊领导力的关系层级

层级	名称	特点
-1 级	负向关系	完全没有人情味的支配和强迫的关系。在这种关系里，我们根本没有把彼此当作人来对待，比如奴隶主和奴隶之间、监狱看守和囚犯之间等
1 级	交易关系	基于交易型角色的管理与服务关系。这种关系的互动或谈话是高度例行公事的意见交换。双方的联系发生在两个角色之间，大家认为除了彼此的角色和位置，没有了解的需要
2 级	个人关系	个人化、合作性、信任的关系。就像朋友和高效团队中的同事关系，从把对方看作一个"角色"转变成看作一个整体的人，我们可以围绕共同的目标和经历，与他发展更加个人化的关系
3 级	亲密关系	情感亲密的、相互承诺的关系。3 级关系是"亲密"和"密切"的友谊，超越了更加随意的 2 级关系。这个层级的关系更具情感性，包含了 2 级关系所有的信任与开放，同时假定富含情感的、爱的举动

基于我们的各种角色，1 级关系是我们日常生活中最常见的关系。如果我们所做的工作足够程序化，这些关系可以平稳运转。但是现在工作的性质本身在快速变化，其发展方向需要更加个人化的关系来建立心理安全感，促进沟通、合作以及互助，所以沙因认为将管理文化从 1 级关系向 2 级关系转变，是谦逊领导力的核心任务。他们同时指出 2 级关系并不是做一个好心人，给员工很好的工作条件和福利，或具有弹性的工作时间，而是建立帮助其工作顺利完成的关系，避免工作关系中常常出现的冷漠、操

控，甚至是谎言或隐藏。向2级关系发展是用行动和语言表达"我想更好地了解你，以便我们在合作完成工作的过程中可以信任彼此"。我们不需要成为朋友，或者了解彼此所有的私人生活，而是学习对工作问题保持开放和诚实。我们相信，在工作中建立一种更密切、更开放、更信任的关系，同时保持隐私和礼貌的界限是可能的。在工作环境中，2级关系非常关键，不仅能为每个团队成员提供心理上的安全感，还有利于打开双向沟通，建立信任，从而更快更好地完成任务。

为什么会在这个部分提出谦逊领导力的内涵呢？因为在发展真北领导力时，其中有一部分是相似的。我们的真北领导者在团队"真北"层面需要通过充分授权，激活团队，找到团队发展使命，找到原动力，形成共同目标。首先要做的事情就是建立一个开放、信任、高凝聚力的团队。

在团队"真北"维度，我们建议领导者侧重三个方面：信任关系、共同目标、真诚领导力。首先帮助领导者认识到信任关系的重要性以及如何构建一个信任型的团队，然后在信任型团队的基础上制定出共同目标；最后掌握如何用真诚的领导力，去带领团队实现目标。

信任关系：一支富有凝聚力的团队的基石

畅销书《跨部门协作的五大障碍》和《优势：组织健康胜于一切》的作者帕特里克·兰西奥尼，在研究结论中反复强调"组织健康以及企业长远发展"，并认为"打造一支高绩效团队"是构建健康组织的第一步，而高绩效团队发展的第一步就是打造一支富有凝聚力的团队。他还给出了两个极端的团队例子，让我们感受组织健康和团队氛围对组织绩效的影响。

- 第一个团队彼此坦诚相待，热烈讨论重要问题，执行明确的决策，即便他们最初可能存在分歧。当他们的行为或表现需要纠正时，他们会指出彼此的问题，会把注意力放在共同利益上。

- 第二个团队彼此心存戒备，也不太真诚。他们在对话中相互隐瞒，虚假承诺，当他们的行为或表现需要纠正时，他们就表现得犹豫不决。他们往往会按照自己的日程，而不是集体的计划行事。

与第二个团队相比，第一个团队有什么优势？获取这种优势值得我们投入多少时间和精力？对于企业的任何团队来说，都有一个终极目标，那就是高绩效。无论采用哪种团队管理或团队发展的方法，目的都是产生更高绩效。一个团队的最终业绩是否高效受很多因素影响，不仅包括团队外部的因素（如外部环境、公司业务、公司流程等），更涉及团队内部建设因素。一个高绩效团队非常显著的特征就是"上下同欲、富有凝聚力"。一个高绩效的团队应该像一个篮球队，以一种互动、相互依赖、团队成员角色可互换的方式共同行动。团队合作并非是一种美德，而是一个战略选择。这意味着领导者愿意接受真正实现团队合作所需要付出的努力和牺牲。兰西奥尼认为想要打造一个富有凝聚力的团队，有五个关键行为：建立信任、掌控冲突、做出承诺、担当责任以及关注结果（如图 7-2 所示）。

行为5：关注结果

行为4：担当责任

行为3：做出承诺

行为2：掌握冲突

行为1：建立信任

图 7-2 打造富有凝聚力的团队的五个关键行为

真正有凝聚力的团队，其成员必须相互信任，这是一个浅显的道理，是每个团队都非常需要了解和重视的原则，可是能够在这方面做好的领导者和团队并不多。为什么呢？可能是因为大家只知道重要性，而不知道如何去帮助团队成员建立信任关系。因此我们一直在研究信任相关的主题，例如如何帮助企业团队建立信任关系、如何提高一个人的信任能力。

我们认为信任是打造一个富有凝聚力的团队的重要基石，因为它是其他行为的基础。信任使团队合作成为可能，只有当团队建立信任的基础上时，团队成员才能接受其他四个原则。因此这个内容值得我们投入更多时间和精力。

不信任现象随处可见

可是我们在研究中发现，组织中团队成员互不信任的现象随处可见，例如在团队中隐藏自己的弱点和错误、不愿求别人帮助、也不愿给别人提出建设性的反馈意见、不愿承认和学习别人的技术和经验、对别人抱有不满和怨恨、惧怕开会、寻找借口、尽量减少在一起的时间等。在2021年我们针对多家企业发起一个调研，让企业中各层级人员填写"团队不信任表现的七个典型场景以及原因分析"，通过汇总整理后，归纳出七个方向。

1. **成员小心翼翼，不敢表达自己的想法**。说话打太极、绕弯子，或者长时间的集体沉默；或者凡事赞同，有不同想法不愿发表。因沟通不畅在组织变革或人事变动过程中出现信任危机。

2. **表面和谐，背后虚伪冷漠，对人关注度低**。除了例行会议外，没有其他沟通；不敢指出别人的问题，也不敢承认自己的问题；言行不一致，想一套，说一套，做一套；对成员生活范畴的情况漠不关心，知之甚少，如家庭状况、爱好、重要的成长经历、个人重要需求及挑战等。

3. **害怕老板及同僚对自己的信任度降低，不敢创新**。过度唯上，取悦和讨好老板；更关注内部竞争，不愿意创新业务，做让自己安全的事情；对于可做可不做的事倾向于拒绝，多一事不如少一事，避免给自己惹麻烦。

4. **跨部门协同难度大**。表面和气，寻求跨部门支持时经常推诿扯皮；遇事先自保，互相指责甩锅；实际需要配合时假装不知道，看别人出丑；需要老板出面才能搞定；私下建立小圈子，形成不同党派；各自为政，山头主义。

5. **对人不对事，带着江湖恩怨工作**。对团队成员有历史性的负面印象及情绪记忆，旧事难翻篇，一朝被蛇咬，十年怕井绳，带着成见与立场工作，刻意回避敏感但重要的问题。

6. **事无巨细，所有细节都要向上汇报确认**。组织设计不合理，导致利益、权力冲突，审批流程极长；老板或上级的控制欲强，授权不充分。

7. **弱者心智，受害者心理**。放大自己的损失和受害部分，单一归因、外在归因；分利益的时候往往觉得自己吃亏了，觉得自己的工作最重要，其他部门要么靠我养活要么尽拖后腿；对公司或未来不相信，只关注现在的利益，计较个人利益得失，没有站在公司层面考虑问题。

进一步深挖上述七个现象的根因，我们发现团队成员之间不信任的影响因素很多，例如企业文化和组织设计，公司管理是不是有利于团队成员之间信任关系的建立；公司"一把手"或团队管理者，他的个人风格和气质是否鼓励团队成员之间信任关系的建立；团队成员个人的特质、能力以及彼此之间的亲密度和熟悉度等，都会影响团队信任关系的构建。我们通过汇总将影响团队信任关系的因素整理为六大类（如图7-3）。

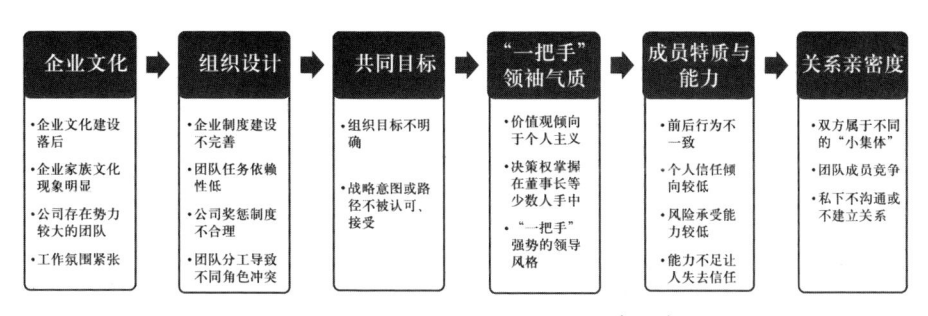

企业文化	组织设计	共同目标	"一把手"领袖气质	成员特质与能力	关系亲密度
·企业文化建设落后 ·企业家族文化现象明显 ·公司存在势力较大的团伙 ·工作氛围紧张	·企业制度建设不完善 ·团队任务依赖性低 ·公司奖惩制度不合理 ·团队分工导致不同角色冲突	·组织目标不明确 ·战略意图或路径不被认可、接受	·价值观倾向于个人主义 ·决策权掌握在董事长等少数人手中 ·"一把手"强势的领导风格	·前后行为不一致 ·个人信任倾向较低 ·风险承受能力较低 ·能力不足让人失去信任	·双方属于不同的"小集体" ·团队成员竞争 ·私下不沟通或不建立关系

图7-3 影响团队信任关系的因素分析

我们曾经为一家中小企业提供服务，目的是帮助他们提升高管团队的信任力，构建集体领导力。公司已经成立18年，现在业务发展较稳定且有一定的增长（年度营业收入有10多个亿），但是当公司想要完成更大的发展目标时（未来5年想要做到50亿），发现公司的战略难以落地。我们在项目调研中发现，他们的高管团队比较稳定，大家共事多年，大部分人共事超过10年以上，所以他们之间有一定的熟悉程度。这些团队成员的开放度不错，是一个爱学习的团队，高管个人的信任力水平尚可，但是彼此之间的关系也只能算是普通，且由于利益或立场不同，经常发生冲突。在调研过程中，我们让大家对现在的高管团队成员之间的关系进行描述，他们会直接表达出如下观点："相爱相杀""当面一套、背后一套""内耗太大，内卷严重""做事层面还算可以，但是精诚合作难，更加深层次的交流还不够"等。在熟悉程度打分环节（满分10分），高管们对彼此的熟悉度平均分约为5.4分，普遍认为即使共事多年，彼此之间也不是很熟悉，或者只对部分人员相对比较熟悉，对大部分高管不熟悉，彼此之间更多看到的是工作状态，对于对方真正的优势或劣势是不清楚的。其实在我们服务的客户中，很多企业都存在这样的团队现状，信任关系成为很多工作推动不顺利的关键卡点，因此真北领导者需要在建设团队信任关系上不断投入资源和精力。

建立信任关系的关键要素

Mayer、Davis 以及 Schoorman（1995）发表了一篇文章《组织信任的综合模型》（*An Integrative Model of Organizational Trust*），被称为是组织行为学中信任理论的奠基之作。这篇文章探讨了人与人建立信任的基础是人自身信任他人的性格倾向，以及对他人能力、善意和品德的判断（如图7-4所示）。之后相关研究都是围绕着哪些因素会塑造、影响和改变这四个信任相关因素而展开的。

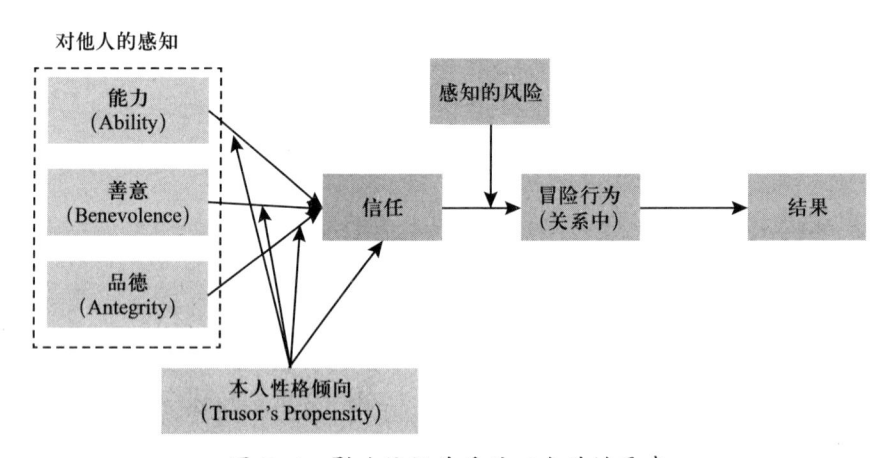

图 7-4　影响信任关系的四个关键要素

Lewicki、Tomlinson 以及 Gillespie（2006）发现了人与人之间的信任发展的不同阶段。从最初以利益的计算判断为基础的信任，到以了解对方为基础的信任，最后发展到以相互认同共同的使命为基础的信任（如图7-5所示），这篇文章从理论上论述了信任发展的历程，从中可以看出建立稳健信任关系是一个长期过程，是一个不断升级进化的过程，是一个需要反复熔炼与检验的过程。

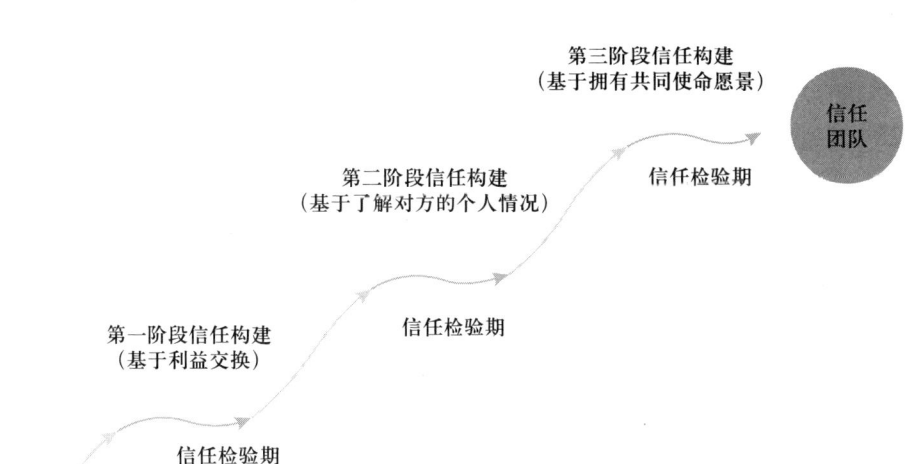

图 7-5　信任关系发展的三个阶段

以上是学术界对信任影响因素的研究，为企业管理实践中如何去建立信任关系提供了基础理论指导。此外，在企业商业实践中也有很多书籍或观点，例如《成为领导者》这本书认为建立信任的关键要素有六个。

1. **始终如一**：一会儿极"左"、一会儿极"右"，一会儿过于严厉、一会儿过于放松等，让人很难捉摸，这样的高管很难让人产生信任感。

2. **言行一致**：无法言出必行，做不到言必信、行必果的高管也让人感到难以信任。

3. **可靠可信**：这位高管靠得住，不管是上级、下级还是同僚，都觉得这位高管可依赖、靠得住。

4. **正直**：高管是个老实人，正直诚实、不耍滑头。

5. **能打胜仗**：常败将军要想长期获得上上下下的信任很难。

6. **集体利益高于个人利益**：不谋私利或少谋私利的高管容易得到大家的认可和信任。老是想着自己捞好处的高管，总有一天会被人看破，当然

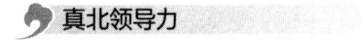

很难赢得大家持久的信任。

麦肯锡咨询公司认为,无论是内部还是外部,都需要把信任提到最重要的位置。信任建立起来极难,建立之后又极容易被破坏,它像玻璃一样脆,像水晶一样难以掩饰,你信任一个人还是不信任一个人,你心里像明镜一样。因此它提出了一个信任公式作为建立信任的参考。

$$信任 = \frac{可信度 \times 可靠度 \times 可亲度}{自私度}$$

- **可信度**:能力,拥有解决问题的能力,是不是专家
- **可靠度**:品质,能说到做到,能不能交活
- **可亲度**:关系亲密度,与对方一起是不是很舒服
- **自私度**:自我,以自己利益为中心

前三个"度",即可信度、可靠度、可亲度,是被除数,它们之间是相乘关系,它们三个数值越大越好。自私度就是你在多大程度上把自己的利益放在别人或团队的利益之上,或者说你考虑你个人的利益多于考虑他人的利益,是除数,它的数值越小越好。

可信度是关于能力的问题,衡量你或你团队的人是不是这方面的专家。并不是说你和你的团队能够解决所有的问题,但是团队里有些成员会是某些子领域的真正专家,以及你们有足够的常识和方法论,有足够的专家资源,能够把相关的专家引来,并把他们的想法拎出来,借助很多专家的意见形成最后的真知灼见,这就是可信度。简单地说,就是你和你的团队,以及相关的专家是不是这方面顶级的专家,你的能力是不是解决问题的顶级能力。

可靠度是指个人、团队及其能调动的资源，是不是能够全心扑在项目上，是不是能够保质、按时、按价格把答应的事情办完。其关乎你说的事，我能不能信；你答应的任务，能不能完成。

可亲度是你和你的团队及其能调动的资源，是不是跟我很亲近。没有生意的时候，我愿不愿意见你，我愿不愿意跟你在工作之外喝杯茶、喝杯酒，甚至达到更高层次。可亲度的核心，是你招不招别人喜欢。可亲度看上去跟专业性没关系，但是在实际工作中，在建立信任关系的过程中是非常重要的。

自私度是你在多大程度上把自己的利益放在他人和集体的利益之上。简单来说，就是你为了多挣我的钱，会把我的利益放在后面，还是相反，你不想让我多花钱，哪怕你挣不到钱也会说该说的话，做该做的事。

建立信任关系是一件非常不容易的事情，真北领导者想要在工作中、在团队中建立信任关系，就需要一步一步开始做起来，做一个可信的人、可靠的人、可亲的人、利他的人。

建立信任关系的方法

考虑到信任对团队关系和绩效的重要性，我们设计了整套的信任加速项目方案，试图找到一个建立信任关系的更高效的路径。有时候我们会将团队成员带到户外，例如沙漠、原始森林、高山、雪山、洞穴等不同的地方，有时候我们就在培训教室的课程中，甚至有时候我们就在日常开会或工作中，尝试用不同的方法，在不同的场景下去为建立团队信任关系添砖加瓦。

基于弱点的信任关系建设

兰西奥尼提出了"基于弱点的信任关系建设"。他认为：如果你能够预测一个人在特定的情境中会有什么样的表现，你就能够信任他。这可能值得称赞，却不足以成为建立一个优秀团队所需要的信任。建立优秀团队所需要的信任被称为"基于弱点的信任"。这与沙因提出的"谦逊领导力"不谋而合，都需要我们更加开放和包容，将对方看成是一个完整的人，进而构建个人化的信任关系。

当团队成员完全适应在彼此面前坦诚和毫无保留时，当他们能够发自内心地说"我把事情搞砸了""我需要帮助""你的主意比我的好""我希望我能做得和你一样好"，甚至"对不起"时，就会产生这样的信任。当团队中的每个人都知道其他人会开诚布公，没有人会隐藏自己的弱点或错误时，他们之间就建立了一种深入的、非寻常意义上的信任。他们能够更自由、大胆地与彼此交流，不浪费时间和精力装腔作势。随着时间的推移，这就在他们的工作甚至家庭生活中形成了一种凝聚力。"基于弱点的信任"的理论核心是人们愿意放弃自己的骄傲和恐惧，为了团队的共同利益而牺牲自我。虽然起初可能会有点恐惧感和不舒服，但最终它会让那些厌倦了花费时间和精力反复思考自身行为的人和管理人际关系的人得到一种心灵上的解脱。如果你觉得这听起来像一种赤裸肉麻的理论，放心吧，没有的事。无论是刚刚组建的团队，还是在不太信任的工作环境中工作了多年的团队，这一目标都是完全可以实现的。

构建"基于弱点的信任"关系的方法如下。

1. **个人经历练习，帮助成员放下戒备心**。开展一次练习活动，让每个人在大家面前简单介绍一下自己的生活。介绍内容可以包括：自己在哪里出生，有几个兄弟姐妹，自己排行第几，自己的高光时刻是什么（例如吹牛大会），以及自己在童年时代遇到的最有趣和最难应对的挑战是什么。我们并不是对他们的童年生活感兴趣，只是想知道童年时代的他们曾经面临什么样的挑战。不管开展多少次这样的活动，围坐在桌旁的人们会意外发现他们对同事其实并不是很了解。当有人意识到他们的某个同事曾经历并走出困境，或取得了巨大成就时，他们就会产生由衷的钦佩之情。

此外，这样的练习还能让人们以诚相待。当人们听到公司的 ECO 说他小时候因为长得胖，或者家里非常穷而受欺负时，很多人的戒备心理就会消除。有时候这样一个简单的练习活动过后，团队的状态会发生快速的变化。本来以为对彼此很了解的团队成员之间，会有一种全新的尊重、仰慕和理解，无论他们的头衔、年龄或经历如何。

2. 借用行为描述测评工具，帮助成员进一步了解自己。可以借助一些测评工具，例如使用 MBTI、PDP、DISC 等职业性格与行为相关的测评，帮助团队成员更深入地了解自己和同事。行为描述工具有效的关键在于得到的信息是中性的，换句话说，性格没有好坏之分，团队成员的每种性格类型都是有效的。目的是帮助团队中的每个人向其他同事展现这些性格倾向，这样做既是为了让他们加深对彼此的了解，也是为了让他们逐步适应向同事袒露自己的弱点和缺点。当领导团队的成员愿意向彼此承认自己的弱点和缺点时，他们也就默许了同事指出自己的这些弱点和缺点。有时候最大的突破正是团队成员向彼此袒露弱点的过程。

3. 加深彼此之间的了解，转变认知，避免出现基本归因错误。基本归因错误的含义是，人们往往倾向于把他人做出不恰当行为的原因归结为其本身（如性格、素质等，认为是内部因素造成的），而将自己的错误行为归结为环境因素（认为是外部因素造成）。例如我们在路边看到一位家长在责骂或怒视他的孩子时，我们经常会认为这位家长脾气不好，不懂教育孩子。而我们责骂自己的孩子时，就认为是因为孩子任性或行为不当。在这种错误的归因中，我们将自己的错误归因于所处的环境，却将他人的错误归因于其自身原因，这无疑会破坏团队成员间的信任。对抗错误归因的最好方式是，帮助团队成员对彼此有一个基本的了解，让他们拥有尽可能多的信息，知道某人是什么样的，这个人为什么会有这样或那样的行为。这样会做大大增强他们的洞察力与同理心，降低不公平判断的可能性，有利于增强信任。

4. **领导带头**。如果团队的领导者不起带头作用，想要团队的所有成员都敢于在众人面前坦率地承认自己的弱点和错误，那这个目标是无法实现的。如果团队领导者不愿意承认自己的错误或在其他所有人看来很明显的弱点，想让团队的其他成员迈出这一步几乎是不可能的。这样的行为传递出一条明确的信息：我不会承认自己的弱点和错误，所以你们也不应该，下属成员不会得到鼓励或奖励，因此也不会有真正的变化发生。

最后需要指出的是，向同事敞开心扉并不意味着团队成员将团队作为自己的私人心理治疗小组。如果团队成员把自己的所有秘密都抖出来，肯定会有人感觉不舒服。这需要一定的判断力和情商，大部分领导者还是能够把握好分寸，因此也需要谨记"不要过度袒露弱点"。

加快信任关系建设的路径

在兰西奥尼提出的建立"基于弱点的信任"关系的基础上，我们不断更新与改进，设计了一条帮助团队加快信任关系建设的关键路径。我们设计测评问卷，帮助所有人直面团队当前的信任现实；基于现实，我们一起创造和探索增进信任的方案；然后通过不断增进了解，卸下防御，直面我们在现实中的冲突，看到彼此的不同，并能够尊重与认同，最后在团队的共同目标或使命愿景下，我们拥抱彼此，拥抱未来。

在建立信任关系的整个路径中，我们参考信任发展三阶段的研究成果，将信任关系从第一阶段以利益为基础，彼此只是为了现实短暂的利益而在一起工作；带到第二阶段，以了解对方为基础，例如了解彼此的生命故事，了解对方的人品，了解对方的能力等；最后再探寻共同的使命愿景，将所有人更加紧密地联系在一起，探寻个人的使命和意义，探寻共同的使命和意义，让大家相信我们彼此都是为了共同目标而努力携手前行。为此我们设计了一系列活动，帮助团队加快建立信任关系（如图7-6所示）。

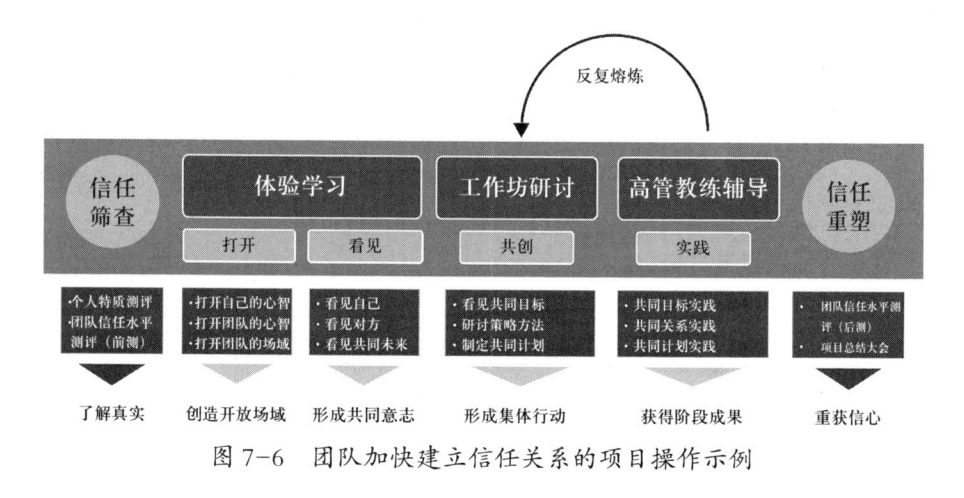

图7-6 团队加快建立信任关系的项目操作示例

信任筛查，了解团队信任关系的真实现状

想要了解当前团队成员之间的信任现状，最好做一个信任水平现状调研。我们在接触到某个团队时，往往会建议客户做一个信任筛查，一是帮助团队成员了解自己的特点与风格，也了解其他成员的特点与风格，可用个人特质水平测评中的一种，例如借用DSIC、Assess、Hogan、PPA、PDP、MBTI等测评工具，帮助大家增进对自己的了解以及对彼此的了解。二是利用信任筛查问卷，让所有人对团队当前的信任水平有一个共同认识，看见做得好的地方，同时也看见需要改进的地方。最后还要进行现场

一对一访谈，了解团队及成员的特点、关系、过往冲突等，从而为后续加快建立信任关系的方案内容设计提供依据。

如表7-2所示，请根据自我感受进行打分（1~7分），1分表示非常不同意，7分表示非常同意。

表7-2　团队信任关系现状自评表

题目	得分
1. 我常常对尚不熟悉的人选择信任	
2. 我相信别人常常按照良好意图行事	
3. 我对别人说的话持相信态度	
4. 我相信人总体来说是有道德的	
5. 我相信人性本善	
6. 我相信一切都会好起来的	
7. 我不轻易选择信任别人	
8. 我怀疑别人隐藏的动机	
9. 我常常对他人保持警惕	
10. 我认为人本质上是邪恶的	
11. 我相信我的领导总是关心我在工作中的需求	
12. 如果我找领导交流工作中的问题，我知道他/她会慎重地回应	
13. 我相信我可以找领导交流工作中的困难	
14. 我相信我可以坦率地与领导交流我的感受	
15. 因为我的领导很真诚，这让我有安全感	
16. 我可以信赖我的领导去履行他的职责	
17. 我相信我的领导在工作中会竭尽全力	
18. 我的领导履行了他做出的承诺	
19. 根据我和领导的接触经验，他完全能胜任现在的工作	
20. 我对领导非常有信心，因为他/她在工作中表现出很高的职业素养	
21. 如果我在工作中遇到困难，我可以依靠团队成员的帮助	
22. 我相信我的团队成员在做出与工作相关的决策时会考虑到我的利益	
23. 我相信我的团队成员会把与我工作有关的事情告诉我	

续表

题目	得分
24. 我相信我的团队成员会信守诺言	
25. 我们都确信我们可以完全信任彼此	
26. 我清楚知道团队成员的优势与短板	
27. 我清楚团队成员的个人价值观与底线	
28. 我敢于向团队成员袒露自己的不足与无奈	
29. 我会直接而坦率地寻求帮助而不觉得麻烦对方	
30. 我与团队成员单独相处而不会感觉到不自在	
31. 我曾与团队 1/3 的高管成员的家人相识且印象不错	
32. 我对其他成员没有历史性的抱怨和记恨	
33. 我们曾经有过让人终生难忘的正向共同经历	

基于上述信任关系测评问卷，我们可以发现团队成员个人的感受和现状，也能发现这个团队整体的信任水平，包括如下四个维度。

• **个人信任水平倾向**：是指您对外界的人或物的信任开放度，得分越高代表您对外界的人或物更多地持信任态度，得分越低代表您对外界的人或物更多地持怀疑态度。

• **对团队领导的信任水平**：是指您对团队领导的信任水平现状，代表了您对自己与团队领导之间的信任水平的一种现状感受。

• **团队成员之间的信任水平**：是指您与团队成员彼此之间信任水平的现状，代表了您对自己与团队成员之间信任水平的一种现状感受。

• **团队成员之间熟悉程度现状**：代表您与团队成员彼此之间的了解程度。

根据上述的问卷数据，利用天气预报做形象比喻，将团队信任现状呈现出来，如晴天、阴天、雨天、雷暴天（如 7-7 所示）。

雨天　　阴天　　多云　　晴天

图 7-7　团队信任关系的四种状态

标准描述：

- **晴天（5.5~7 分）**：在当前团队中，您与大家的信任关系比较好，您更愿意相信团队成员，且团队成员之间的关系也非常融洽。

- **阴天（3.5~5.5 分）**：在当前团队中，您与大家信任关系还不错，您愿意在一定程度上信任团队成员，而团队成员之间的关系也相对融洽。

- **雨天（2~3.5 分）**：在当前团队中，您与大家信任关系一般，在这个团队中您更愿意将自己保护起来，很多时候大家关系相对客气和疏远。

- **雷暴天（2 分以下）**：在当前团队中，您与大家信任关系不太好，团队中的成员之间相对冷漠或客气。

您在当前团队的信任水平总体得分是 4.31 分（满分 7 分）。属于阴天等级，说明在当前团队中，您与大家的信任关系还不错，您愿意在一定程度上信任团队成员，而团队成员之间的关系也相对融洽。

我们曾经在一家创业公司做全员的信任关系测评，测评的部分结果如图 7-8 示例。这家企业的学员对领导团队的信任水平是相对比较高的，但员工成员之间的信任水平比较低。通过访谈后发现，现实确实如此，领导团队的专业能力、对创业的激情和态度、与员工之间的熟悉度和开放度都比较高，也带领团队打了很多次胜仗，所以学员对领导团队比较信任。但是员工彼此之间在工作过程中有不少的矛盾或冲突，认为对方的能力或态度都或多或少地有一些问题，因此整体信任水平较低。

图 7-8　信任关系测评成果示例

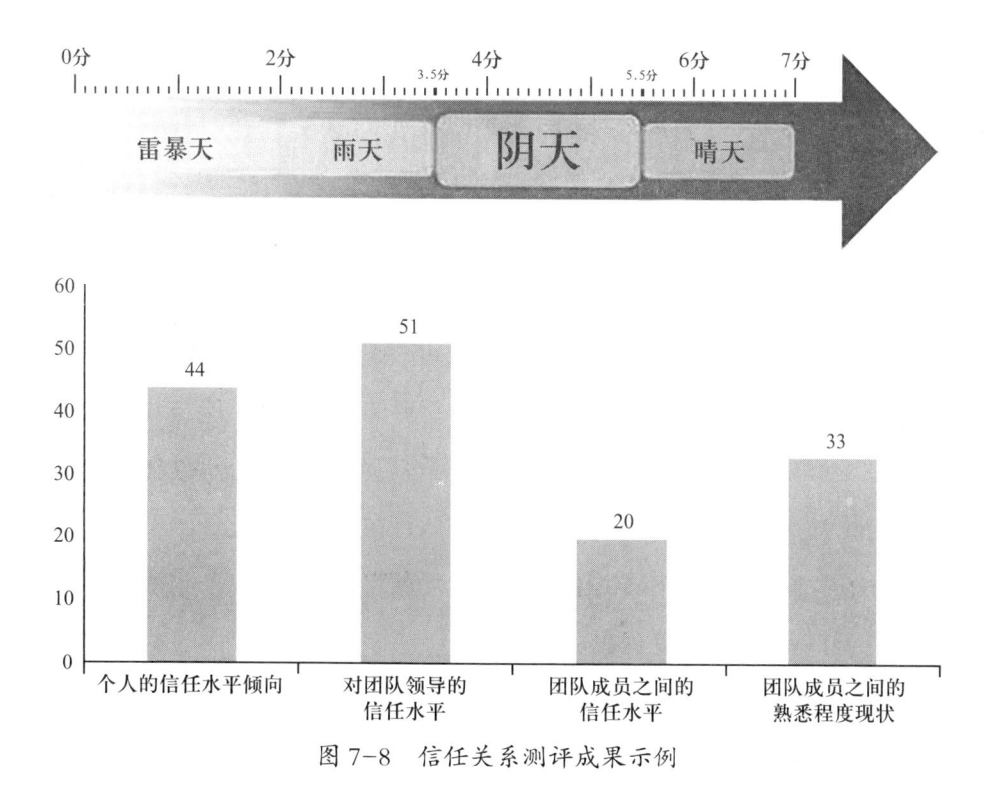

所以在帮助团队建立信任关系前，可以通过信任筛查深入了解现状，找到问题的症结，为后续制定信任改进计划提供方向。

创造开放场域，共谋未来

在了解了信任现状后，需要帮助团队成员真正地打开自我，此时场域的创造就十分关键。通常我们会建议将团队带离原有的熟悉场景，带入强大的大自然界中（例如雪山、沙漠、森林、高山等），创造一个深刻的内观环境；让他们面对大自然的严峻挑战，感受独自前行的艰难，感受组织的力量和温暖，感受每个人对团队所负的责任及付出，感受每一份真诚的支持和分享，深入沟通和交流，建立彼此之间的深度关系，在未知的环境中连接、觉察、感知、共修，建立革命情感。但是很多时候我们并没有条

145

件将团队带到户外相对严酷的环境中，此刻我们还是建议尽量找到一个能提供一种远离外界干扰的、具有亲密感的空间里，房间宽敞有自然光，房间两侧有窗，简单悦目，家具摆放让空间充满活力，充满家的感觉。

在营造好一个开放场域后，接下来最重要的就是帮助团队成员进一步看见彼此，正如前面提到的"个人经历练习"，分享彼此的生命故事，让大家放下戒备，敞开心扉。因此需要带领团队成员共同完成一些任务，分享一些故事。在这个过程中，有四个非常重要的关键点：聆听与对话、冲突化解、认知的转变、连接未来的创新思考。我们把这三件事处理好，才能从心出发，打造出真正富有凝聚力的团队。在第二章真北领导力的发展原则中，我们提出的第四个原则是"构建场域，帮助领导者及其团队共同进化"，可借用奥托·夏莫在《U型理论》一书中给我们提供的一套团队进化方法，通过U型的5项运动（共同启动、共同感知、共同自然流现、共同创造、共同进化），帮助团队成为更好的团队，成为一个连接未来的更好的团队。奥托认为创造性机制就是要从已有的窠臼里面跳出来，面向未来思考问题。只有当思考的力量冲破原有固定模式和阴影，人们开始联系外界的真实状况时，觉醒才得以开始；当我们开始连接到周围的其他人，以及与之类似的情景与感受时，就会获得一双翅膀，带领我们逃离自己心智模式的枷锁，然后进入深层源头。

根据注意力和意愿的不同源头，奥托将场域分成4种场结构：习惯、打开思维、打开心灵、打开意志。任何个人、领导者、团队、组织的每个行动和行为都来自这四种方式之一。

- **习惯，我中我（I-in-me）**：我按照惯有的观察和思考方式感知的一切。

- **打开思维，它中我（I-in-it）**：我运用开放的感官和思维感知一切。

- **打开心灵，你中我（I-in-you）**：我敞开心扉，调频至内心而感知一切。

- **打开意志，当下我**（I-in-now）：我开放意志，从我存在的源头或最深处体会一切。

以聆听为例区别这四种场结构的特点。

- **第一种聆听：下载**（downloading）。是啊，我已经知道了，即一边聆听一边再次确认惯有的评判。当你身处的环境中，所有发生的一切只是确认你已知的信息时，你的聆听就处在下载模式。此时你的思维处于"习惯"状态。

- **第二种聆听：客观聆听**（object-focused listening）**或听取事实**（factual listening）。嗨，原来是这样！这个时候你关注的是事实，即新奇或与自己看法相左的事情。此刻你听的重点不是内心的评判之声，而是摆在你面前的事实，你开始专注于那些不同于你以往所知的信息。此时你的思维处于"打开思维"状态。

- **第三种聆听：同理聆听**（empathic listening）。哦，是的，我明白你的感受。当我们进行实质性对话时，如果集中注意力，就会觉察到我们聆听的源头发生了显著的变化。此刻我们从一味追求物体、数字以及事实中抽离出来，开始去关注一种活生生的个体、一个鲜活的系统乃至自我，这时需要我们启动一个特殊仪器：打开心灵，有感同身受的能力，可以直接与一个人或一个生命体系相联结。此时你的思维处于"打开心灵"状态。

- **第四种聆听：生成聆听**（generative listening）**或从正在生成的未来场域聆听**。我无法用语言表达我的感受，我的整个存在已经放缓，我感觉自己变得更加安静、更在当下、更加真我。我已经联结到一个超越自我的东西。这时要求我们开放心灵和意志，启动我们联结正在生成的最大未来可能性的能力。在这个层次上，我们把"旧我"拉到一边，才能整理出一个空间，开启一片空地，使得另一种全新的、对当下的感知得以生成。我们不再寻求身外之物，也不再纠结身前之人。此时，你的思维处于"打开意志"状态。

在谈话结束时，当你发现自己再也不是最开始谈话时的那个自己了，那就说明你已经进入第四层，你经历了微妙而深刻的变化，已经连接到一个深层次的源头，即那个"你究竟是谁、为何存在"的源头，将你连接到一个正在生成的非凡场域，联结到正在浮现的真我。正如儒家心法传人曾庆宁先生在"修身型组织"中提出的我们在组织中需要构建三场："物场、气场、心场"，而"心场"是关键。通过不同层次的场域构建，可帮助团队螺旋式上升，共同进化，最终成为一个信任型的团队。

掌控冲突：推动信任关系进一步发展

冲突对一个团队来说并不是坏事，它只是大家在追求真理的过程中，为了寻找更好的答案而做的努力。所以我们不应该惧怕冲突，而要有效管理冲突。但是冲突有不同的类型和层次，《团队协作的五大障碍》版权课中提出，冲突可以分成四个不同层面：信息传递的冲突、环境氛围的冲突、关系层面的冲突、个人特质的冲突。

信息传递的冲突是在沟通过程中，大家的信息传递和沟通有偏差，包括陈述事实和发表观点时，大家站在谁的立场解读和传递信息，这些都会造成表达者和倾听者的信息差，从而引起冲突。

环境氛围冲突是因大家所处的生活环境、文化氛围、制度政策不同而引起的冲突。例如东北人与广东人对喝酒的看法就不同，中国人与欧洲人对尊重的观点不同，传统企业与互联网公司对自由的理解不同等，由于身处的环境不同，从而引起对同一事件的不同解读，最终造成冲突。

关系层面的冲突是因为大家过往的共同经历（是否有恩怨情仇）、组织架构设计（是否有业务上的直接竞争）、职位、声誉等导致大家现有关系不算很好，因为这些原因引发的冲突。

个人特质的冲突是指因为当事人自己的价值观、自尊心、经验、动机、知识、技能、情商等不同，在面对外界的评价、反馈时，会有不同程度的防御或抵抗，因为内在因素造成的冲突（如图7-9所示）。

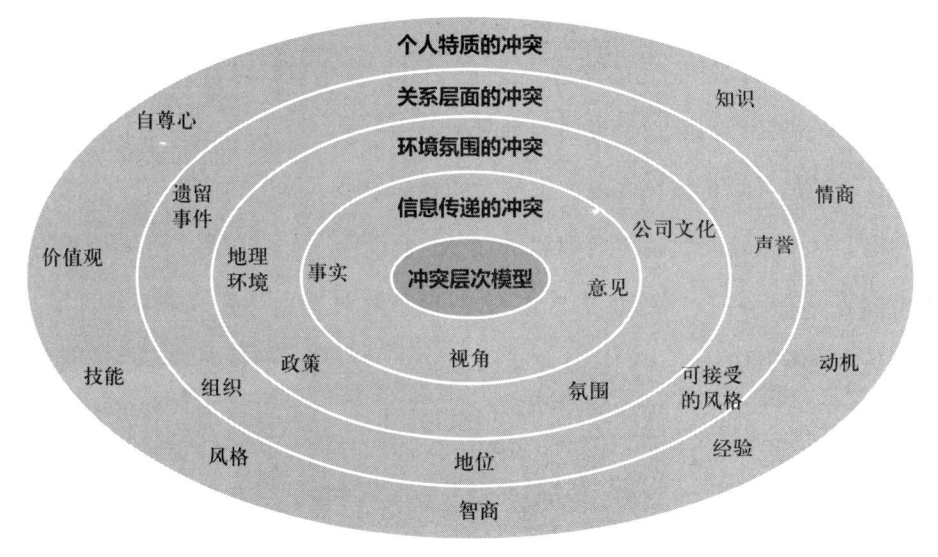

图 7-9 冲突层次模型

如果是信息传递、环境氛围、关系层面的冲突，我们可以通过重塑信任的方式进行调适。如果是个人人格层面的冲突，短期来看建议通过调整团队成员结构来解决，长期来看就需要使用本书第六章提出的心智进化方法，通过长期的心智训练和突围，帮助当事人看见盲点，进而更加客观地看待外部反馈和评价，从而降低因为个人特质造成的人际冲突。

因此我们这里说的冲突管理，不是围绕着个人特质的严重冲突，而是指积极有效的意识形态冲突，是在讨论重要问题和做关键决策时，人们愿意表达不一致的意见，甚至在必要时进行激烈的争论。在相互信任的环境中，冲突只是为寻找最好的答案所做的努力。这样的冲突不但可以有，而且是组织需要的。如果团队成员相互信任，当自己没有正确答案，每个人都能够坦白这一点并愿意承认其他人的想法更好时，对冲突的恐惧感和不适感就会大大降低。然而，没有信任做基础的冲突是办公室政治，是为了操控他人，想方设法在争论中取胜，而不顾事实真相如何。

一个组织的冲突状况，可以用冲突轴来形容（如图7-10所示）。轴的一端是没有任何冲突，被称为"表面的和谐"，主要特点是几乎在任何问题上，人们表现出的都是虚情假意的微笑和一致意见，至少表面上是这样的；轴的另一端是破坏性的冲突，人们总是争吵不休。当你离开"表面的和谐"这个极端时，就会遇到越来越多的建设性冲突。在两个极端位置的中间有一条分界线，越过了这条界线，建设性冲突就会变成破坏性冲突。当冲突不断升级后，人们往往不会去关注事件本身，而是想方设法证明自己的正确性、捍卫自己的面子，此刻就容易演化成人身攻击，形成破坏性冲突。

冲突轴

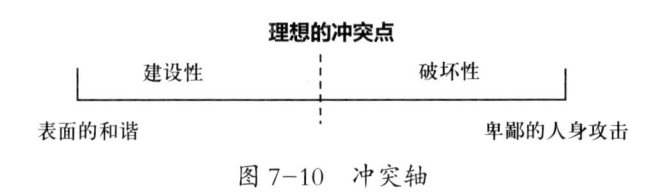

```
                   理想的冲突点
         ┌─────建设性──────┊──────破坏性─────┐
         表面的和谐                      卑鄙的人身攻击
```

图 7-10　冲突轴

冲突轴上有一个理想位置，被称为"理想的冲突点"。在这个点上团队参与了所有可能的建设性冲突，却从来没有越界进入破坏性冲突的领地。当然，这是不可能的。在任何团队中，总会有人在某些时刻跨越这一界线，他们的言行不再是建设性的。但是团队不能因此而害怕，而是要认识到这样的情况是难以避免的，并学会管理它，从略带破坏性的冲突中恢复过来，这样才有勇气不断地回归最理想的位置。最后他们将会树立起信心，相信自己能够经受住偶尔越界的考验，甚至变得更加强大，彼此间的信任也会增强。当相互信任、相互关心，并共同承担重要使命的两个人对事情有不同的看法时，就会努力表达不同的意见，甚至进行激烈的争论。毕竟做出糟糕决定的后果更加严重。

　　但即便团队认识到冲突的重要性，让他们参与冲突也是非常困难的。因此团队领导者需要采取一些做法，提升团队中的健康冲突水平。解决冲突最好的方法就是在会议中发掘冲突。当怀疑有潜在的冲突时，领导者可以请大家把心里的想法说出来。表面看来，唯恐天下不乱，但事实却相反。通过寻找并暴露还没有浮出水面的潜在甚至细微的分歧，团队领导者能够避免破坏性的"走廊抱怨"。领导者此时可采用团队有效性练习。

　　团队有效性练习：化解冲突，加强信任关系。

　　团队有效性练习非常简单，只需要花1~2小时，看见彼此，积极反馈，给出建设性意见，就能使团队成员相互负责，提高团队效率。可以在开会或培训的最后环节开展这一活动，当然前提是团队已经建立了一定的信任基础，如果团队成员不能开诚布公，开展这一活动就没有意义。

　　1. 让每个人写下其他团队成员所做的一件让团队变得更好的事情，即写下除自己以外的其他人对团队产生积极影响的最大优点。这里的重点不是他们的技术能力，而是他们在团队中表现出对团队发展有利的行为方式。

　　2. 每个人写下其他团队成员所做的可能对团队产生不好影响的事情。

　　3. 从领导者开始，走到团队成员中间，让每个人说一下领导者的一个优点，然后让领导者用一句概括的话做出回应。这些积极的反馈让领导者倍感荣幸，甚至感到意外。

4. 大家再次走到团队中间，让大家说一下这位领导者需要改进的一个方面，在每个人提供反馈后，再次要求领导者做出一个简短回应：不是反驳，而是回应。

5. 针对团队中的其他成员开展同样的活动。每个人大概10分钟，接受来自同事的积极和建设性的反馈，并做出简单回应。

这一个活动的作用不只是分享信息，最大的影响是引导团队成员意识到对彼此负责是可持续、富有成效的活动，能够促使他们将来继续开展这一活动。事实上，在过程中，几乎所有人的回应都是接受和感激。

另外一个化解冲突的方法是实时批准。但人们开始尝试参与冲突时，他们需要得到及时、积极的反馈。不管最初的冲突看起来多么小，它都会让人产生不适感。当领导者看到下属对可能的建设性冲突有不同意见时，此刻领导者应该立刻打断，告诉他们这样做是对的，鼓励大家参与健康却不舒服的冲突，帮助他们消除紧张感，提醒他们表达不同意见是在帮助团队而不是伤害团队，这样他们心中的压力就没有了，紧张感似乎也消失了，就能集中解决眼前的问题。

提出明确的期望和指导方针。例如曾经有一家公司的副总裁认为现在团队成员不敢表达不同意见，需要增加团队冲突。于是他们制定了两项正式的规则：一是如果大家在讨论中保持沉默，他就会把它理解为分歧，于是大家很快意识到，如果他们不参与讨论，是无法做出决定的。二是在每次讨论结束时，副总裁总会在房间走一圈，让团队中的每个人对决定做出正式承诺。这两项简单的规则马上改变了他们的会议氛围，并增加了健康的冲突。

不愿意参与冲突并不总是冲突本身的问题。在很多情况下或者说大多数情况下，真正的问题是缺乏信任。在缺乏信任的情况下，关于冲突的培训或讨论再多也没有用。要让建设性冲突发生，首先要建立信任。

本章小结

［1］一个高绩效的团队有两个标准：方向一致、上下同欲。

［2］信任，是打通团队能量流的基础，也是一支富有凝聚力的团队的基石。

［3］团队合作并非是一种美德，而是一种战略选择。这意味着领导者愿意接受实现高效团队合作所需要付出的努力和牺牲。

［4］"基于弱点的信任"的理论核心是人们愿意放弃自己的骄傲和恐惧，为了团队的共同利益而牺牲自我。

［5］团队信任评估可从四个维度进行：

- 个人信任水平倾向：是指您对外界的人或物的信任开放度。
- 对团队领导的信任水平：是指您对团队领导的信任水平现状。
- 团队成员之间的信任水平：是指您与团队成员彼此之间信任水平现状，代表了您对自己与团队成员之间信任水平的一种现状感受。
- 团队成员之间熟悉程度现状：代表您与团队成员彼此之间的了解程度。

第四部分
组织真北领导力篇

生财有大道：生之者众，食之者寡；为之者疾，用之者舒；则财恒足矣。仁者以财发身，不仁者以身发财。未有上好仁而下不好义者也，未有好义其事不终者也，未有府库财非其财者也。孟献子曰："畜马乘，不察于鸡豚；伐冰之家，不畜牛羊；百乘之家，不畜聚敛之臣，与其有聚敛之臣，宁有盗臣。"此谓国不以利为利，以义为利也。长国家而务财用者，必自小人矣。彼为善之，小人之使为国家，菑害并至，虽有善者，亦无如之何矣。此谓国不以利为利，以义为利也。

——《大学》

第八章 组织"真北":践行使命,创造价值

"以义为利,而不是以利为利",这是《大学》最后一篇提出的观点,给出了做事的原则之一。领导者带领团队做事应该以"义"为先,在利中寓义,在义中求利,而不应该以聚敛钱财等利益为先。

为客户创造价值是一个组织存在的主要原因之一。前面提到领导者发展个人真北领导力和团队真北领导力,最终的期望就是创造一个高效能的组织,找到组织发展的原动力,带领团队实现组织的目的和目标。而组织发展的原动力就是找到组织使命、构建组织顶层设计以及文化建设,然后再制定战略目标及其实现路径,构建组织架构和制度流程,通过不断改进和优化,激活组织,减少内耗,为客户创造长期价值。

关于组织顶层设计、文化建设、战略制定和竞争策略、管理流程等内容,有太多的理论研究和实践案例,也有大量的书籍介绍相关内容,真北领导者只需要继续学习相关内容,提升自己这方面的"聪明技能"即可。不过关于组织文化构建这个部分,我们在实践过程中发现,未来企业文化建设不仅仅要考虑企业使命、愿景和价值观,更需要结合领导者们的心智模式和认知模式,只有领导者及其团队成员的认知和思维打开,企业的文化才能真正落地。

组织文化落地：内外平衡发展是趋势

在过去的十几年中，我们帮企业做文化项目时经常使用企业文化洋葱模型，从精神、制度、行为、物质等层面，一层一层地向着文化外延发展，帮助企业形成文化共识、推动文化落地。在企业文化洋葱模型中，我们把文化落地推广分成四个层次——物质层、行为层、制度层、精神层（如图8-1所示）。提醒我们做企业文化宣传与推广时不能只从观念上去考虑它，而是要从不同的层次和维度去思考、设计和宣传。

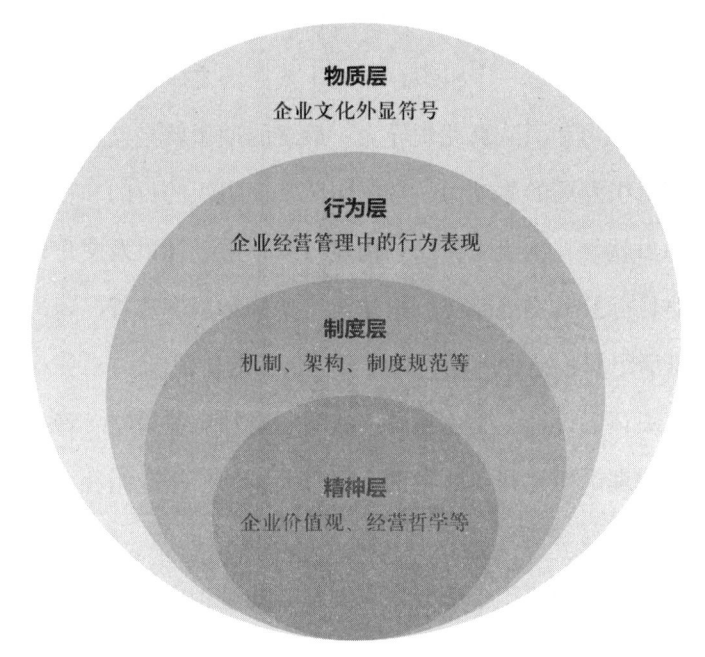

物质层
企业文化外显符号

行为层
企业经营管理中的行为表现

制度层
机制、架构、制度规范等

精神层
企业价值观、经营哲学等

图 8-1 企业文化洋葱模型

第一层是物质文化，是表层。企业对外展示的产品、企业面貌、技术规范，主要包括厂容厂貌、厂徽厂服、设备设施、商标图案、劳动环境、生活环境、文化场所等，是企业在社会上的外在形象。

第二层是行为文化，是浅表层。企业员工的行为活动和文化现象，主要包括企业经营、教育宣传、人际关系活动、典礼仪式、文娱体育活动中产生的文化现象，也是企业精神、企业价值观的折射。

第三层是制度文化，是中间层。主要包括企业领导体制、企业组织机构、管理制度，如员工行为规范等，是一种强制性文化。企业制度文化作为企业文化中人与物、人与企业运营、理念与行为的中介，是一种约束企业和员工行为的规范性文化，它使企业在复杂多变、竞争激烈的经济环境中处于良好的状态，从而保证企业目标的实现。

第四层是精神文化，是核心层。又叫企业精神文化，相对于企业物质文化和行为文化来说，企业精神文化是一种更深层次的文化现象，在整个企业文化系统中，它处于核心地位，包括企业精神、企业经营哲学、企业道德、企业价值观念、文化素质等内容，是企业意识形态的总和，是企业文化的本质和灵魂。

企业文化的这四个层次由内向外逐步扩延，形成了企业文化的"心、形、手、脸"，构筑起一个完整的企业文化体系。后来沙因父子对企业文化进一步研究，认为对文化进行抽象定义最有用的方法是用动态演化的术语来思考，把文化看作群体在努力生存、成长、处理外部环境和组织自身问题的过程中的习得。这种积累式的习得是一种建立在理所当然的基本假设基础之上的，并最终以无意识状态存在的信念、价值观和行为规范的模式或系统。因此他们提出了"企业文化的三个层次"模型（如图8-2所示）。

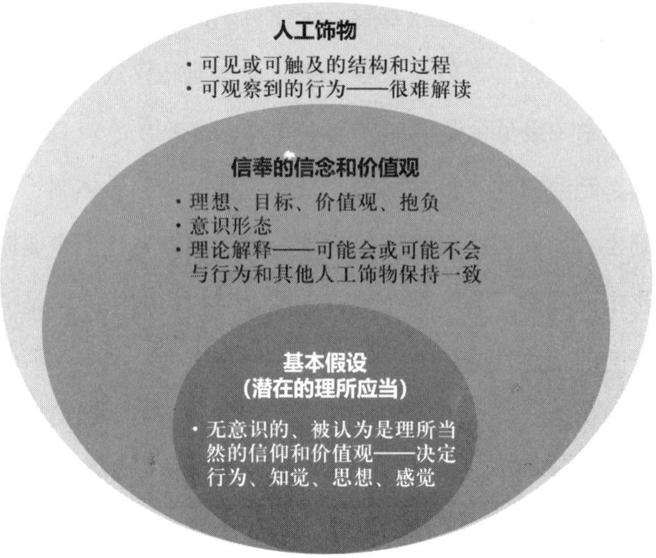

```
┌─────────────────────────────────────┐
│      人工饰物                        │
│  · 可见或可触及的结构和过程           │
│  · 可观察到的行为——很难解读          │
│                                      │
│      信奉的信念和价值观              │
│  · 理想、目标、价值观、抱负          │
│  · 意识形态                          │
│  · 理论解释——可能会或可能不会        │
│    与行为和其他人工饰物保持一致      │
│                                      │
│      基本假设                        │
│     (潜在的理所应当)                 │
│  · 无意识的、被认为是理所当          │
│    然的信仰和价值观——决定            │
│    行为、知觉、思想、感觉            │
└─────────────────────────────────────┘
```

图 8-2　企业文化的三个层次模型

第一层：人工饰物。人工饰物是当你遇到一个有着陌生文化的新群体时，能看到、听到、感受到的那些现象。例如建筑的结构、语言、技术、产品、艺术创造、服装、言谈举止和情感展示风格、关于组织的神话和故事、公开成文的价值观、仪式或典礼、公司章程、组织架构图等。关于这一层次的文化，最重要的一点是，它既容易被观察到，又难以被破译。同样的人工饰物背后的意义可能完全不同，我们仅从人工饰物中推断更深层的假设是特别危险的，因为人们的解释将不可避免地受到自己文化背景的影响。例如当你自己的背景知识假设认为非正式组织行为意味着自由散漫时，那么当你看到一个非正式、松散的组织时，就可能将其解释为"低效率的"。因此如果想要更快地理解这个层次的内容，必须向内部人士咨询他们为什么要这样做，以及他们在做什么。

第二层：信奉的信念和价值观。信奉的信念和道德观念或伦理规则仍然是可认知的，并且可以被明确地表达出来，因为它们发挥着指导群体成员的规范和道德功能，即教新成员如何处理某些关键问题、培训新成员的行为方式。这样的信念和价值观往往在意识形态或组织哲学中得以体现，从而成为处理内在不可控事件或困难事件等不确定性难题的指导性基础准则。那些不接受这样的信念或价值观的人有可能被"逐出"或被群体遗弃，他们在遵从文化时是舒适还是焦虑，是检验文化有效与否的标志。

第三层：基本假设（潜在的理所应当）。基本假设已经被认为是理所当然的，以至于其在一个社会单位内几乎没有多大变化。这种共识是由在实践某些信仰和价值观方面反复取得成功所致。如果某个群体非常坚定地共享某种基本假设，那么群体成员将会发现他们很难想象会有基于任何其他假设的行为。文化作为一套基本假设，为我们界定了将要发生什么、意义在何处、如何对情况做出反应以及在各种情况下应该采取什么行为。给我们创造出一个"思维世界"或"心智图"。这一层次的文化，更多存在于组织所处的更大的文化圈或跨组织的职业群体。如果这种基本假设只存在于某些个体身上，那么只是他们的特殊经历，这些少数的个体是相对比较容易被纠正的。但是文化的力量来自假设是共有的，是相互加强的。所以应该尽可能地找到共同点，将隐含假设显性化。即使这些隐含假设已经浮出水面，它们仍然会发挥作用，从而迫使组织创造一个全新的沟通方式或氛围。

在推动企业文化落地的过程中，借鉴上述两个模型，能帮客户解决很多文化落地的问题。但是我们也发现如果仅仅按照上述模型和操作步骤操作，还是很难完全实现预期目标。经常听到一些企业客户提出：文化只是挂在墙上的口号，员工对文化认同度不高，员工的行为方式与企业文化的结合度不高，甚至是相反的。因此，我们又提出企业文化需要共识共创，希望通过文化共识工作坊或研讨会的方式，推动企业文化落地。例如在文化项目中，我们会坚持如下原则："企业文化共创过程比结果更为重要，共创的过程就是公司管理团队及员工一起思考、学习、共识的过程，要留足够的时间给团队和员工思考、发酵"等。

可是即使按照上述要求达成共识，企业文化还是非常难落地，很多时候大家只是一起做出了一个漂亮的企业文化宣传标语。例如我们曾经服务的一家企业，通过文化共识工作坊，高管团队共同制定出企业文化相关词条、定义、提倡行为、反对行为、应用场景等。其中一条文化词条是"创新"，可是几年过去了，公司的整个创新文化和氛围依然不是很好，管理层与员工在实际工作中的关注点不是创新，而是稳健，创新文化年年提，年年都落不了地。这是典型的企业文化与员工行为背道而驰的现象。我们通过后续项目分析发现，这不仅仅是公司文化部门的工作不到位，也不仅仅是公司的流程和机制有问题，更重要的是高管们对创新的内在认知和内在恐惧问题没有解决，因此再多的倡议都无法实现。

本书第二章在阐述修身型组织打造的三场理论时提到"物场、气场和心场"，这对一个组织的文化建设有着非常强的指导作用。物场是指企业提供的物理环境，例如空间打造、外显的装饰等；气场是指员工彼此之间的关系、氛围等；心场是指每个员工内在的认知和模式。心场是核心，物场和气场都是为打造心场创造的条件。如果员工的心场未发生变化，企业文化是难以落地的。

组织文化落地最大的阻碍是员工个人价值观与组织价值观断联。我们可以去分析一下，大部分组织提倡的文化价值观都是正面的、美好的、善意的，往往来自哲学，是符合"大道"的，例如诚实、正直、创新、敬业、协作、开放、尊重、包容等。从儒家"性本善"的观点来看，这些被提倡的价值观在每个人身上均有，只是由于个人的成长环境与发展境遇不同，有些价值观被我们遗失或忘记。当公司提倡某些文化价值观时，与员工不能很好地产生联结，所以文化落地困难。因此，我们提出文化落地的

第一步是找回企业家、第一团队及各层级员工的个人价值观，然后再将个人价值观与企业文化价值观进行联结，在深层次上达成个人与组织文化价值观的共识，而这里最重要的一点就是找回自己的价值观，找回自己内心深处善的一面，让自己的内在心智或认知方式上升到更高境界。因此我们对原来的洋葱模型增加一个内核，实现文化落地的内外平衡（如图 8-3 所示）。内是指企业家、第一团队及各层级员工的心智模式和价值观，外是指企业的文化体系。只有当企业家与各层级员工的内在心智发生变化，个人价值观才能够与企业的文化体系相融合，企业文化才能够顺利落地，才能促进员工的日常行为发生改变。如果领导者的认知和思维没有打开，依然带着过往的思考方式和思考逻辑，自己内在的心智卡点未突破，讨论出来文化落地方案是无法实施的。此外，若领导者自身在日常行为方面起不到带头作用，企业文化往往会成为纸上谈兵，或者公司倡导一套文化，而员工执行另外一套文化。因此，在未来企业做文化落地项目时，需要将心智突破作为一个核心点，基于心智突破推动企业文化落地。

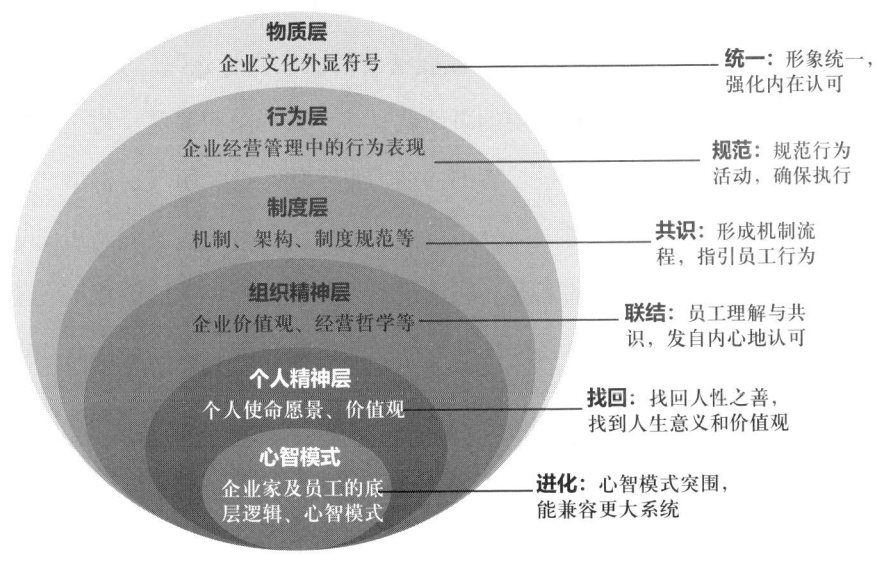

图 8-3　企业文化的新洋葱模型

关于企业家、高层管理者和员工的个人心智如何进化，在本书的第七章有详细介绍和说明，此处依然适用，因此不再赘述。不过企业文化落地是整个组织的进化，需要组织内部各层级员工的集体心智进化，正如第二章提出的第四个发展原则"构建场域，帮助领导者及其团队共同进化"，我们可借用U型理论的方法，实现团队共同运动——共同启动、共同感知、共同自然流现、共同创造、共同进化。

使命共担：个人使命与组织使命的联结

本书第一章给出了"真北领导力"中关于"真北"的定义，即目标、意义和使命。个人的"真北"是指领导者个人的人生目标、人生意义或自己的天命，而组织的"真北"是指这个企业或团队的使命、愿景等。对于真北领导者来说，我们在带领组织向前发展时，既要找到组织使命，也要找到个人使命，还需要将个人使命和组织使命联结起来，做到使命共担。

寻找组织使命需要回答的问题是"我们为什么存在"，寻找个人使命需要回答的问题是"我为什么活着或我活着的意义是什么"。当我们确定组织使命和个人使命后，更重要的事情就是将个人和组织联结，将个人成长角色与组织角色联结，将领导者的内在力量（如热情、勇气、渴望、希望、自信、韧性等心理资本）与公司价值观联结，同时还需要联结横向部门的需要、联结组织发展的需要、联结重要外部利益相关方的需要等，用更长远的系统眼光看待当下及未来的局面，最终实现领导者们的使命与组织的使命由内而外地联结，做出共同承诺。

在使命共担这个环节不得不研究领导方式的发展与演进。因为在真北领导力的定义中就提到"真北领导力是指领导者基于一个长远的目标，用真诚的领导方式，激发出自己与周围人的内在激情和动力，追求长期价值发展,为所有利益相关者创造价值,且服务于社会的能力"。采用何种方式才能激发出自己与周围人的内在激情和动力?这对真北领导者提出了很高的要求。因此我们就需要研究到底哪种领导方式才能够激发出激情与动力。

在西方社会常见的关于领导方式的理论有四大类:领导力特质论、领导行为/权变论、团队领导论、领导复杂论。基于中国的文化特点,在华人中诞生了另外两类领导方式:"家长式领导论"和"集体领导论"(见表8-1)。

表 8-1 不同领导方式的对比

领导方式类型	特点
领导特质论	强调领导者个人的品质和特性,具有某些特点的个体会成为一位优秀的领导者,领导力由先天因素决定。例如正直的性格、良好的外形等
领导行为/权变论	认为组织中领导力行为通常表现为"关心生产—关心人"等某种组合,即"关怀—规定"模型,认为领导力不仅仅由先天因素决定,个人通过努力可以习得领导技能,成为卓越领导者,领导有效性由领导者、被领导者和情景条件共同决定
团队领导论	关注团队作战,研究"分布式领导力""共享型领导力""高管团队行为整合"。前两者强调让成员们互相领导以达成团队目标;后者关注高层团队行为整合,即"信息流、合作行为、共同决策"
领导复杂论	近年来,领导者的个人特质、风格、个人关系、社会网络、团队关系、团队协作都被广泛研究,将这些统称为领导复杂理论,关注焦点是领导者个人或团队中的领导交互关系,而非团队整体领导力
家长式领导论	根植于中国传统文化,产生"家长式领导",即使企业学习与应用西方领导力思想,家长式领导仍然在华人中盛行。该领导方式强调威权领导、仁慈领导、德行领导
集体领导论	源于社会主义革命和建设,强调有着共同理想和价值观的领导集体,在民主集中制下分工合作、集体决策,以实现集体利益最大化。中国很多企业都从家长式领导转变成集体领导,例如华为等

领导有效性与领导方式息息相关，真北领导者想要激发自己与周围人的激情，追求长期价值，那么其领导方式至少需要具备以下三个特点。

第一，集体领导。在BANI时代，一马当先的个人英雄主义已经较难适应外部挑战，更需要万马奔腾的团队合作模式。因此想要追求长期发展，就需要建立一个"真北领导者团队"，通过群策群力的合作模式，领导班子同心协力形成一个整体，共同决策，合理分工，发挥集体领导力。中国现在越来越多的企业（如华为、比亚迪等）采用集体领导，共同治理的方式，通过轮值的方式实现共同决策、共同领导。

第二，自我热情。如果一个人强迫自己做不喜欢的工作，那么付出的代价是非常大的。如果团队成员没有感受到领导者对公司或目标充满激情，那么领导者就很难成为一位长久的领导者。要跟随自己的激情去找到自己的领导目标，然后对自己的目标表现出强烈的热情，让人们感受到这种热情，并由此产生强大的动力。

第三，充分授权。想要激发每个个体的激情和动力，我们不仅需要帮助领导者或员工找到人生使命，用一个共同目标把人聚集起来，更需要打造创造性土壤，通过充分授权，让个体能够在一个相对自由宽松的环境下，发挥出自己更多的能量。已经有非常多的研究表明，在压力越小的情况下，人们的行为越不容易变形，内耗才会更小，而此刻发挥出来的效能才会越大。因此，恰当的授权是真北领导者需要重点学习和练习的内容。

无论选择什么样的领导方式，都不要忘记我们前面提出的真北领导力发展原则："最有效的领导力就是做自己，是展现出真诚"，所以真诚才是我们最好的选择。

创造价值：创新组织设计，激活组织能量

关于"如何设计高绩效组织""如何通过组织设计，最大化公司的竞争优势""如何利用组织设计驱动业务结果的达成"等话题，已经有非常多的理论、模式和实践案例供我们参考学习，我们也看到了不同的组织设计的优劣势。但是大部分关于组织设计的方法论致力于解决效率问题，直到弗雷德里克·莱卢提出了"青色组织"，对组织设计和进化提出了与众不同的视角和观点。他认为目前大部分组织已经经历了很多轮的变革计划、合并、集权和分权、新的信息技术、新的使命描述、新的激励体系等，好像已经把目前运行组织的方式拉升到了它的极限，而这些处方看起来已经成为问题的一部分，而不是解决方案本身。而越来越多的人渴望创造出有灵魂的组织，因此"青色组织"应运而生。不同组织的特点见表8-2。

表 8-2 不同组织的特点

组织阶段	特点
红色组织：冲动	红色组织适合于敌对环境：作战、失败国家、暴力街区等，例如黑帮等。首领持续运用武力以保持队伍的秩序。恐惧是组织的黏合剂，思考方式是"我想要它，我就要拿走它"，以自我为中心，需要掠夺性领导。红色组织突破：劳动分工；命令式权威。红色组织将组织比喻成狼群，因此人们的行事方式比较冲动，不擅长规划和战略，高度机会主义，所以它天生比较脆弱
琥珀色组织：服从	琥珀色组织诞生于人类进入农业文明后的社会组织中，如当今政府机构、学校、军队等。人们在等级制的金字塔中扮演高度正式的角色，自上而下的命令和控制，借助严格的流程，确保稳定性，思考方式是"一个人是否有和群体相适应的正确外表、行为及思想"，以集体为中心，需要家长式权威领导。琥珀色组织有两个重要突破：一是长期视角，有稳定的流程；二是正式的等级制度，追求规模与稳定性。琥珀色组织将组织比喻成军队，但是人们只满足待在自己的盒子里，带上一个社会面具，压抑了个性

续表

组织阶段	特点
橙色组织：成就	橙色组织的成员开始质疑权威、规范和稳定性，开始了科学探索、创新以及创业，例如当今的跨国公司或大型集团公司。目标是打败竞争对手，取得盈利和增长，创新是处于领先的关键。思考方式是唯物主义，只有那些能被看到和触摸到的才是真实，需要采纳科学管理的领导。橙色组织有三个突破：一是创新，改变和创新不算威胁，反而是机遇；二是责任，为了激活组织的大部分，开始授权和信任执行，注重目标管理（如战略规划、KPI、BSC等），组织不仅依赖大棒，还掏出胡萝卜；三是精英制，突破琥珀色的等级制度，是社会公平的一次突破，认为人们有选择最适合自身天赋和志向的职业的权利。橙色组织将组织比喻成机器，人是资源，揭示其能动高效的本质。但是在实践中，橙色组织虽然给创新、活力、创意留出空间，但是依然缺乏生机和灵魂，例如"创新也疯狂"，人类的大多数需求已经得到满足，而商业还在不断创造需求，已经进入为了增长而增长的阶段；此外，以金钱和社会认可来衡量成功，中年危机也是一个典型现象，缺乏对目的和意义的探寻，出现空虚感
绿色组织：多元	绿色组织中的人坚信所有的观点都应平等地受到尊重，它寻求公平、平等、和谐、合同和共识，例如文化驱动型的西南航空公司。绿色组织在经典的金字塔结构中，聚焦于文化和授权，以达成非凡的员工激励，需要服务型领导。绿色组织的突破：一是授权，保留橙色组织的精英制度，但是将大多数决策权下放给一线员工，能够倾听下属的声音，激励和发展下属，成为服务型领导；二是价值驱动的文化以及有感召力的宗旨，强大的共享性文化，领导者真诚依照共享价值做事，做出表率，且信任员工依照价值观行事，而不需要依赖规章制度；三是基于多个利益相关者的视角，领导者必须做出正确的抉择，以使所有利益相关者获益，而不应当以股东利益为主来运营，多利益相关者视角运营会让短期成本变高，但是从长期来看，将给所有利益相关者（包括股东）带来更好的回报。绿色组织将组织比喻成家庭，员工是家庭的一分子，大家在一起，随时准备帮助彼此解决困难。绿色组织提倡观点都应该被平等对待，但是当有人滥用这个特点而提出无法容忍的想法时，它就难以进行，让组织没有那么高效

续表

组织阶段	特点
青色组织：进化	青色组织认为我们的世界观和认知越是复杂高级，就越能有效地解决问题，它寻求自我超越。调整自我的恐惧，减少自己的控制欲望，制定决策的标准从外部期待转变成内在正当性，寻找人生的意义，发挥优势，活出真实自我，优雅地面对逆境，超越理性智慧，追求自我心身的完整性，追求人际关系的完整性，追求生命与自然的完整性，例如博组客公司，在某些领域持续采用青色组织创新实践。青色组织的突破：一是自主管理，有效运行的关键是基于同侪关系，既不需要层级也不需要达成共识，即便规模很大亦如此；二是完整性，组织鼓励人们不要仅带着狭隘的"专业"自我来到工作场所，把自我的其他部分仍在门外，而是邀请人们展现内在的完整性，用自己的"全人"去工作；三是进化宗旨，青色组织具有自己的方向感，组织成员被邀请去聆听与理解"组织想成为什么"及其"服务宗旨"，而不是企图预测和控制未来。青色组织将组织比喻成一个生命系统或活生生的有机体，生命带着它所有的进化智慧管理着生态系统，朝着更加完整、复杂和有意识的方向进化。青色组织建立在觉醒意识的真实体验层面，其实还可以突破这个层面的限制，去创建直接作用于能量与灵性世界的组织实践，但是当前能够真正觉醒的人不多，还需要更多创始人和领导者加强自我觉察和觉醒，才能为青色组织实践带来机会

再次回到真北领导力的定义："真北领导力是指领导者基于一个长远的目标，用真诚的领导方式，激发出自己与周围人的内在激情和动力，追求长期价值发展，为所有利益相关者创造价值，且服务于社会的能力"。这个定义直接给出了领导者需要构建的组织的特点至少包括四个方面。

- **意义性：**"长远的目标"，这既包括企业目标（使命愿景），也包括个人目标（人生的意义），这就告诉领导者们，你们不仅仅要做一份工作，更需要找到工作背后的意义，以及个人意义与企业意义的联结，即使命共担。

- **完整性：**"用真诚的领导方式"，这告诉领导者们，在工作时要做到内外合一，做一个"全人"，不需要戴着面具工作，也不需要模仿他人工作，只需要展示真实的自己（那个不断觉醒的自己，而非任性而为的自己，即王阳明说的做人做事展现"诚"）。

• **进化性**："激发出自己与周围人的内在激情和动力"，这告诉领导者们，在设计组织时，需要充分考虑人的发展，考虑系统的发展，减少自我控制欲望。

• **多角度性**："为所有利益相关者创造价值，为社会服务"，这告诉领导者们在决策时，在寻找组织使命愿景时，应该从更大的系统和范围思考，而不只是关注眼前的利益，关注股东的短期利益。

上述四个特点与绿色组织和青色组织的某些特点很类似，所以真北领导者在设计自己的组织时，要参考这两类组织设计的方法和原则，规避其劣势，创造一个有生命力的组织，而这个组织可以给更多人带来能量，带来生机。

本章小结

[1] 组织文化落地最大的阻碍是员工个人价值观与组织价值观断联。因此我们提出组织文化落地，内外平衡发展是趋势。内是指企业家、第一团队及各层级员工的心智模式和价值观；外是指企业的文化体系。而重要的一点就是找回自己的价值观，找回自己内心深处善的一面，让自己的内在心智或认知方式上升到更高境界，与组织文化联结。

[2] 真北领导者想要绽放个人势能，激发自己与周围人的激情，那么领导方式至少需要具备三个特点：第一是集体领导；第二是自我热情；第三是充分授权。无论选择什么样的领导方式，都不要忘记前面提出的真北领导力发展原则："最有效的领导力就是做自己，是展现出真诚"，所以真诚才是我们最好的选择。

[3]真北领导者想要提升组织效能,那么构建的组织至少要有四个特点:第一是意义性,即拥有"长期目标",构建工作背后的意义以及工作与个人的关系。第二是完整性,即将员工视为"全人",构建管理机制、选择领导方式。第三是进化性,即"激发出自己与周围人的内在激情和动力",在设计组织时,需要充分考虑员工的发展,考虑系统的发展,减少自我控制欲望。第四是多角度性,即在寻找组织使命愿景时,应该从更大的系统和范围思考,而不是只关注眼前的利益,关注股东的短期利益。

参考文献

[1] 曾庆宁.曾子家学——大学传习录[M].北京：华夏出版社，2020.

[2] 周岭.认知驱动[M].北京：人民邮电出版社，2021.

[3] 周岭.认知觉醒[M].北京：人民邮电出版社，2020.

[4] 比尔·乔治.真诚领导力[M].邱晓亮，译.北京：东方出版社，2011.

[5] 比尔·乔治，彼得·西蒙斯.真北：125位全球顶尖领袖的领导力告白[M].刘祥亚，译.广州：广东经济出版社，2008.

[6] 比尔·乔治，道格·贝克.真北团队[M].吴振阳，等译.北京：机械工业出版社，2013.

[7] 拉姆·查兰，斯蒂芬·德罗特，詹姆斯·诺埃尔.领导梯队[M].徐中，林嵩，雷静，译.北京：机械工业出版社，2011.

[8] 珍妮弗·加维·贝格.领导者的意识进化[M].陈颖坚，译.北京：北京师范大学出版社，2017.

[9] 罗伯特·凯根，丽莎·莱希.心智突围：个人与组织如何打破变革免疫[M].杨珲，殷天然，译.北京：北京师范大学出版社，2022.

[10] 帕特里克·兰西奥尼.优势：组织健康胜于一切[M].高采平，译.北京：电子工业出版社，2013.

[11] 帕特里克·兰西奥尼.团队协作的五大障碍[M].刘向东，栾

羽琳，译.北京：中信出版集团，2022.

［12］奥托·夏莫.U型理论：感知正在生成的未来［M］.邱昭良，王庆娟，陈秋佳，译.杭州：浙江人民出版社，2013.

［13］罗伯特·安德森，威廉·亚当斯.孕育青色领导力：领导力通用模型与案例［M］.陈丽君，柳亚涛，译.北京：北京师范大学出版社，2022.

［14］埃德加·沙因，彼得·沙因.谦逊领导力［M］.徐中，胡金枫，译.北京：机械工业出版社，2020.

［15］埃德加·沙因，彼得·沙因.组织文化与领导力［M］.陈劲，贾筱，译.北京：中国人民大学出版社，2021.

［16］史蒂芬·柯维，丽贝卡·梅里尔.信任的速度［M］.王新鸿，译.北京：中国青年出版社，2008.

［17］弗雷德里克·莱卢.重塑组织：进化型组织的创建之道［M］.进化组织研习社，译.北京：东方出版社，2017.

［18］稻盛和夫.活法［M］.曹岫云，译.北京：东方出版社，2019.

［19］高昂，杨百寅.中国企业集体领导力研究［M］.北京：科学出版社，2020.

［20］庄进城.高效能组织领导力［M］.北京：中国法制出版社，2020.

［21］任建平.自变：迈向自变的人生，成为自变领导者［M］.北京：东方出版社，2019.

［22］丛龙峰，张伟俊.自我觉察［M］.北京：机械工业出版社，2022.

［23］Mayer R C, Davis J H, Schoorman F D.An Integrative Model of Organizational Trus［J］.Academy of Management Review, 1995, 20（3）: 709-734.

［24］McAllister D J.Affect and Cognition-based Trust as Foundations for Interpersonal Cooperation in Organizations [J] .Academy of Management Journal, 1995, 38 (1): 24-59.

[25] Simons T L, Peterson R S. Task Conflict and Relationship Conflict in Top Management Teams: The Pivotal Role of Intragroup Trust [J] . Journal of Applied Psychology, 2000, 85 (1): 102-111.

[26] Lewicki R J, Tomlinson E C, Gillespie N.Models of Interpersonal Trust Development: Theoretical Approaches, Empirical Evidence, and Future Directions [J] .Journal of Management, 2006, 32 (6): 991-1022.

后　记

真北领导力是一个宏大系统，需要从个人、团队、组织三个层面阐述如何发展一个更有生机的领导者以及更有生命力的组织。本书侧重在"个人真北领导力"的维度，这是真北领导力发展的起点，也是核心，更是领导力发展的"本"。未来真北领导力还需要在团队层面和组织层面有更多实践和应用，发挥出真北领导力的效能，构建更大的系统和整体。

由于得到了很多人的帮助，才使得这本书能够顺利出版，感恩！

首先要感谢我的两位合伙人周明贤女士和朱曼殊先生。真北领导力是在创立深圳市星睿智信管理咨询有限公司（以下简称星睿智信）之初，我们共同选择的专业方向，也是星睿智信公司的使命，我们一起为它赋予了意义和内涵，也一起为实现这个使命在努力奋斗，期望未来能够帮助更多的领导者成为真北领导者，让大家工作得更幸福，也期望帮助更多的组织成为真北组织，让这个社会更有生机。

其次要感谢我的老师，三鼎修身书院的曾庆宁先生、哈尔滨工业大学的周明建老师，两位老师从理论和方法上给予我指导和修改意见，使我的观点表达更充分、准确。还要特别感谢一路帮助我走向"真北之路"的三位老师：中学的熊招芬老师、大学的黄晓伟老师、研究生阶段的陆强老师。还要感谢那些陪伴我成长的同学、朋友和同事：赖娟、刁祥、戴瑞雪、赵文菲、肖蕊、王雪丽、姚瑶、侯杰、李刚、杨泓、罗丽、金云飞等。正是因为在许多人的帮助下，我才能在"真北之路"上不断探寻。

最后特别感谢我的家人，在写书的过程中，他们经常会给我反馈意见和鼓励。正是因为他们的爱与支持，让我有勇气去探寻自己，让我有机会找到自己的"真北"，让我有机会能在这个领域去探索和专研。

"人生皆有意义，使命终将降临"。找到自己的使命、探索出自己的"真北"后，将会感受到一种与之前截然不同的生命状态。"真北"让生命拥有更多的坚定、喜悦和力量。衷心地祝福大家能够尽早找到自己的使命，探索出自己的"真北"，度过更快乐、更幸福的一生！

蒋小翠

2023 年 11 月于深圳